本成果受北京印刷学院校级项目《产业链视域下京津冀文化产业竞争力研究》（项目号：Ee202210）资助

我国直辖市文化产品国际竞争力研究

WOGUO ZHIXIASHI WENHUA CHANPIN GUOJI JINGZHENGLI YANJIU

罗荣华◎著

中国出版集团有限公司
研究出版社

图书在版编目 (CIP) 数据

我国直辖市文化产品国际竞争力研究 / 罗荣华著.
北京 : 研究出版社，2025．8. -- ISBN 978-7-5199
-1910-8

Ⅰ. G124

中国国家版本馆 CIP 数据核字第 2025UY9981 号

出 品 人：陈建军
出版统筹：丁　波
责任编辑：韩　笑

我国直辖市文化产品国际竞争力研究
WOGUO ZHIXIASHI WENHUA CHANPIN GUOJI JINGZHENGLI YANJIU
罗荣华　著
研究出版社 出版发行
（100006　北京市东城区灯市口大街100号华腾商务楼）
北京建宏印刷有限公司印刷　新华书店经销
2025年8月第1版　2025年8月第1次印刷
开本：880毫米×1230毫米　1/32　印张：8.75
字数：236千字
ISBN 978-7-5199-1910-8　定价：68.00元
电话（010）64217619　64217652（发行部）

目 录 CONTENTS

第一篇 | 基本情况概述

第一章 北京基本情况概述

第二章 上海基本情况概述

第一篇

基本情况概述

第一章

北京基本情况概述

第一节　追踪北京

北京，简称“京”，古称燕京、北平，是中华人民共和国首都、省级行政区、直辖市、国家中心城市、超大城市，国务院批复确定的中国政治中心、文化中心、国际交往中心、科技创新中心。截至2022年，全市下辖16个区，总面积16410.54平方千米，建成区面积1485平方千米，常住人口2184.3万人，城镇人口1912.8万人，城镇化率87.6%。

一、历史沿革

北京是一座有着3000多年历史的古都，在不同的朝代有着不同的称谓。

燕都。据史书记载，公元前11世纪，周武王灭商以后，在燕封召公。燕都因古时为燕国都城而得名。战国七雄中有燕国，据说是因临近燕山而得国名，其国都称为燕都。

幽州。古“九州”之一。幽州之名，最早见于《尚书·舜典》：“燕曰幽州。”两汉、魏、晋、唐代都曾设置过幽州，所治均在北京一带。

京城。京城泛指国都，北京成为国都后，多将其称为京城。

南京。辽太宗会同元年（938年），升幽州为南京，又称燕京，作为辽的陪都。当时辽的首都在上京（今内蒙古巴林左旗）。

大都。元代以金的离宫（今北海公园）为中心重建新城，元世祖至元九年（1272年）改称大都，俗称元大都。

北平。明代洪武元年（1368年），朱元璋灭掉元朝后，为了记载平定北方的功绩，将元大都改称北平。

北京。明永乐元年（1403年），明成祖朱棣取得皇位后，将他做燕王时的封地北平府改为顺天府，建北京城，并准备迁都城于此。北京这一名称正是从此时期开始使用，距今已有600余年的历史。

京师。明成祖于永乐十八年（1420年）迁都北京，改称京师，直至清代。

京兆。民国废顺天府，置京兆地方，直隶中央，其范围包括北京大部分地区。民国十七年（1928年），废京兆地方，改北京为北平。

二、行政区划

北京（行政区划代码：110000），位于北纬39° 56′、东经116° 20′，地处中国北部、华北平原的北部，东面与天津市毗邻，其余均与河北省相邻。

北京市自1996年起，全面启动了勘界工作。截至2022年，北京市下辖16个市辖区，即东城区、西城区、朝阳区、丰台区、石景山区、海淀区、顺义区、通州区、大兴区、房山区、门头沟区、昌平区、平谷区、密云区、怀柔区、延庆区，总面积为16410.54平方千米。

表1-1　北京市行政区划（2022年）

单位：个

地区	街道办事处	建制镇	建制乡	社区居委会	村民居委会
全市	165	143	35	3431	3783
东城区	17	0		168	
西城区	15	0		263	
朝阳区	24	0	19	544	144
丰台区	24	2		352	56
石景山区	9	0		151	0
海淀区	22	7		590	53
门头沟区	4	9		122	178

续表

地区	街道办事处	建制镇	建制乡	社区居委会	村民居委会
房山区	8	14	6	191	459
通州区	11	10	1	155	470
顺义区	6	19		152	426
昌平区	8	14		255	298
大兴区	8	14		254	437
怀柔区	2	12	2	36	284
平谷区	2	14	2	49	272
密云区	2	17	1	96	330
延庆区	3	11	4	53	376

资料来源：中共北京市委社会工作委员会、北京市民政局。

第二节　丰富的自然资源

北京的自然资源非常丰富，包括水资源、矿产资源、动植物资源等。北京市山区面积10200平方千米，约占总面积的62%，平原占比仅为38%，大多数自然资源便蕴藏在群山之中。

一、水资源

北京拥有五大水系，天然河道自西向东贯穿五大水系：拒马河水系、永定河水系、北运河水系、潮白河水系和蓟运河水系。

北京市有85座水库，其中大型水库有密云水库、官厅水库、怀柔水库、海子水库等。据2023年《北京统计年鉴》，2022年北京全年水资源总量23.7亿立方米，全年总用水量为40亿立方米，其中，再生水12.1亿立方米，南水北调水9.9亿立方米，人均水资源仅有108.6立方米，远低于联合国划定人均1000立方米的缺水下限。其主要原因是北京市人口规模总量过大，相比于其他城市，北京市水资源相对丰富，但由于大量人口的涌入，使得北京城市资源负荷加大。

二、矿产资源

北京的矿产种类也较齐全。到发稿前为止，全市矿种共67种，矿床、矿点产地476处，列入国家储量表的矿种44种，其中：能源矿产2种；黑色金属矿产4种，有色金属、贵金属及分散元素矿产11种；冶金辅助原料非金属矿产7种；化工原料非金属矿产5种；建材及其他非金属矿产15种。共有产地300处，其中：黑色金属产地49处，有色金属产地35处，冶金辅助原料非金属产地43处，化工原料非金属产地68处，建材及其他非金属产地75处，煤炭产地30处。丰富的矿产资源为首都的建设提供了优越的物质基础。

北京的金矿鼎鼎有名，早在唐代时，平谷地区就已经开始采金，清末昌平县采金最盛，年产可达万两。目前已知的金矿区主要分布在密云、平谷、怀柔和昌平等地区。

除此之外，北京还有丰富的煤炭资源。北京的煤，以无烟煤为主，储量约有25亿吨，占总量的96%，土烟煤较少。斋堂地区的风化煤，腐殖酸含量高达40%，可制腐殖酸肥料。京西煤田主要分布于髫髻山向斜含煤区、九龙山向斜含煤区和北岭向斜含煤区；京东煤田主要分布于松各庄向斜含煤区。

除矿物资源外，北京还有一种极具发展潜力的资源——地热资源。2021年，北京市规划和自然资源委员会发布了《北京市矿产资源总体规划（2021—2025年）（草案）》。提出优化深层地热资源开采利用布局，推动资源利用转型，促进浅层地热能规模化应用。因此，地热资源将成为首都矿产资源开发利用最为重要的矿种。

地热能的直接利用发展进程十分迅速，已广泛地应用于工业加工、民用采暖和空调、洗浴、医疗、农业温室、农田灌溉、土壤加温、水产养殖、畜禽饲养等各个方面，获得了良好的经济技术效益，节约了能源。

北京是世界上拥有地热资源的6个首都之一，开发利用历史悠久，古籍中记载的北京市温泉就有8处：海淀温泉村温泉、昌平汤峪山温泉（大汤山温泉）、东南新汤泉（小汤山温泉）、延庆佛峪口温泉、延庆城东暖泉、门头沟十八盘山温泉、房山龙城峪温泉、房山磁家务孔水洞温泉。

北京市浅层地热能储存量大，全市浅层地热能地质条件适宜区主要分布在平原区中东部和南部，包括通州区、朝阳区大部分地区、海淀山后、昌平区东部、顺义区西南部、大兴区南部以及房山和延庆少部分区域。目前，北京探明的深层地热资源主要分布在平原区，以水热型地热为主，深度3500米内、出水温度大于50℃的地区面积约2760平方千米，构成相对独立又有一定水力联系的10个地热田，约占平原区面积的43%。

三、动植物资源

北京市地带性植被类型是暖温带落叶阔叶林并兼有温带针叶林的分布。海拔800米以下的低山代表性的植被类型是栓皮栎林、栎林、油松林和侧柏林。海拔800米以上的中山，森林覆盖率增大，其下部以辽东栎林为主，海拔1000~2000米，桦树增多，在森林群落破坏严重的地段，为二色胡枝子、榛属、绣线菊属占优势的灌丛。海拔1800~1900米以上的山顶生长着山地杂类草草甸。

据2023年《北京统计年鉴》，2022年底，北京森林面积855655.3公顷，森林覆盖率为44.8%，森林蓄积量达到3373.8万立方米，城市绿化覆盖率达到49.8%，人均公园绿地面积16.9平方米，城市森林资源丰富。

从地势上看，北京地处华北平原的西北端，地形大体是由西部和北部的太行山、燕山山脉逐步过渡到东南部的平原区域，海拔高度从东灵山的2303米逐渐降低到平原地区的20~60米，恰好位于我国第二级阶梯和第三级阶梯的交界处，是南北方动物过渡性地带，这造就了北京地区局部小气候、植被、景观等生态因子的多样化，为各类野生动物提供了多样化的栖息选择。因此，北京地区拥有丰富的野生动物资源。

不仅如此，随着北京生态环境治理工作的进行，北京的生态环境日益改善，北京市野生动物数量也呈现出增长态势。北京市园林绿化局发布的《北京陆生野生动物名录（2021年）》共收录北京地区分布的陆生野生动物33目106科596种，其中鸟类503种、兽类63种、两栖爬行类30种。其中，国家一、二级重点保护陆生野生动物52种，北京市一、二级重点保护陆生野生动物222种，北京市二级水生野生动物17种。

由于近年来北京市在环境保护工作上的不断努力，北京市生态环境持续向好，野生动物的种类和数量不断增加：国家一级重点保护野生动物大鸨现身通州区；以往无记录的震旦鸦雀在房山区、大兴区、丰台区等地频频被发现；黑鹳、鸳鸯、褐马鸡等物种在北京的分布区不断扩大；消失近80年的栗斑腹鹀重新回到了密云山地；以前无记录的大足鼠耳蝠、小菊头蝠、香鼬等兽类也出现在北京。

第三节　发达的社会事业

一、医疗

人民健康是社会文明进步的基础，是民族昌盛和国家富强的重要标志。习近平总书记明确指出，把保障人民健康放在优先发展的战略位置，全方位、全周期保障人民健康。

首都医疗如今已经走在全国医疗行业前端，中国三甲医院最多的就是北京，达到78家，比第二名上海多12家。全国的百强医院，北京市最多，占了23所，最具代表性的有中国医学科学院北京协和医院、中国人民解放军总医院、北京大学第一医院等。截至2023年初，北京医疗卫生机构数为12211个，其中医院数量为741个，社区卫生服务中心、门诊部分别为2123个、1568个。床位是医疗卫生服务体系的核心资源要素，北京市的医疗机构实有床位数为133932张，医院的床位数为126309张。医疗卫生技术人员数量也逐年增加，已达到322187人，其中占比重最大的执业医师有124916人、注册护士有142711人。2021年卫生总费用为3351.9亿元，社会卫生支出最大，占总费用的63.5%，为2127.2亿元；其次是政府卫生支出，占比23.4%，为784亿元；最后是个人现金卫生支出，占比13.1%，为440.7亿元。经过改革与发展，北京市积累了雄厚的医疗卫生资源，医疗卫生机构的总量、规模、床位、装备水平等均位居全国各大城市之首。

二、科技

作为国家创新系统的重要构成主体，科研机构在国家战略科技力量中占有重要的战略地位。2022年，北京市研究与开发机构数量有405个，研究与试验发展人员有546747人，研究与试验发展人员折合全时当量373235人年，研究与试验发展经费内部支出28433394万元，相当于地区生产总值的6.83%。随着我国科技创新不断增强，专利申请数量也在不断提高，专利按照创新的难易程度分为三类：发明专利、实用新型专利、外观设计专利。整个2022年，北京市有效发明专利数量为477790件，专利授权量有202722件，其中，实用新型专利数量最多，为91947件；其次是发明专利的数量，为88127件；外观设计专利数量最少，为22648件。此外，北京市的技术合同成交数也在逐年增加，2022年已达95061项，技术合同成交总额为7947.5亿元，实现合同总金额高达942.4亿元。从北京市科学技术委员会提供的资料来看，北京科技成果不断涌现，科技创新再攀高峰，2019年科技成果登记数有766项，其中，国家技术发明奖有11项，国家科学技术进步奖有42项。

如今，科技创新已成为首都经济社会发展的主要动力，在经济高质量发展、生态环境保护、社会民生等方面发挥着重要作用。首都凭借着自身的优越条件，在全国科技创新中处于领先地位，成为中国实施创新驱动发展战略的"引领者"，并向成为具有全球影响力的科技中心的道路上迈进。

三、文化

北京是全国文化中心，党的十九大报告中指出："文化是一个国家、一个民族的灵魂。文化兴国运兴，文化强民族强。没有高度的文化自信，没有文化的繁荣兴盛，就没有中华民族伟大复兴。"在首都北京建设高质量的全国文化中心，具有重要意义。

随着国家文化软实力的提升，北京市公共图书馆的数量也从最初的18个增至21个，2022年总藏数多达7819万件，建筑面积总共为62.2万平方米，书刊文献外借人数为143万人次。群众艺术馆有1个，文化馆17个，文化站的数量相对较多，有339个。2022年举办展览个数共有1224个，组织文艺活动总共30971次。档案馆有18个，建筑面积为227658平方米，案卷多达1093.8万卷（件），2022年利用档案资料达10.13万人次。

北京地区博物馆类别古今结合，社会科学与自然科学并重，一级博物馆数量居全国之首，国有大中型博物馆及国家级行业博物馆集中，红色文化及京味文化主题博物馆特色鲜明，非国有博物馆收藏门类广泛，形成了具有首都特色的博物馆体系。截至2022年底，全北京市按行业管理登记的博物馆有215个，在数量上居全国前列，北京地区已经形成多学科、多层次、布局较为平衡的博物馆体系。文物藏品数高达1784.1万件。文物局系统内博物馆及文物保护机构有58个，文物藏品有130万件，其中一级品有1098件，2022年参观博物馆的人数为413.3万人次。

在看电影、电视、广播电台等其他文化方面。2022年，北京市电影放映单位有292个，总银幕数有2118块，放映262.9万场次，观影2575.4万人次。北京市电视台有1座，公共电视节目27套，公共广播节目19套，电视综合覆盖率和广播综合覆盖率都达到了100%。2022年，北京生产电影135部，制作电视剧38部，占全国比重的23.8%。2022年北京市新闻出版局的资料显示，报纸出版30种、总印数达2.7亿份，期刊出版171种、总印数达0.2亿册，图书出版14775种、总印数达4亿册。2021年，北京市的录音制品共有345种，录像制品共有363种，电子出版物共有2616种，引进版权共有7526种，其中，软件和电子出版物有15种，图书有7499种。

四、体育

截至2024年，北京市已举办了许多赛事，诸如第一、二、三、四、七届全国运动会，1990年北京亚运会、第二十一届世界大学生运动会、2008年第29届北京奥林匹克运动会、2014年国际泳联花样游泳大奖赛、2022年第24届冬季奥林匹克运动会等。

北京的运动场馆也非常丰富，主要场馆有国家体育场（鸟巢）、国家游泳中心（水立方）、工人体育场、五棵松体育馆、国家网球中心、北京奥林匹克水上公园、首都体育馆、北京大学生体育馆、奥体中心体育馆、北京射击馆、丰台垒球场、月坛体育馆等。截至2022年底，体育场地数量达到4.28万个，北京市人均体育场地面积约2.9平方米，基础运动场地共有2956个，球类运动场地共有18386个，冰雪运动场地共有157个，体育健身场地共有16418个，健身步道2517.8千米。北京市体育局的资料显示，北京市运动员、裁判员的队伍不断壮大。分等级运动员发展人数有2524人，其中一级运动员有764人，二级运动员有1760人。分等级裁判员发展人数有933人，其中一级裁判员有183人，二级裁判员有750人。

夏奥会与冬奥会的成功举办，使北京成为全世界第一个“双奥之城”，进一步增强了群众的健身意识，群众性体育热潮不断高涨，体育事业方兴未艾。在迈向中华民族伟大复兴的道路上，北京将以更加雄健的身姿屹立在世界东方！

五、社会保障

党的二十大报告指出，社会保障体系是人民生活的安全网和社会运行的稳定器。健全覆盖全民、统筹城乡、公平统一、安全规范、可持续的多层次社会保障体系。完善基本养老保险全国统筹制度，发展多层次、多支柱养老保险体系。

随着改革的深入、我国社会保障体系的健全和完善，社会保障待遇水平也稳步提高。北京市2022年职工最低工资为2320元/月、失业保险金最低标准为2034元/月、城乡居民最低生活保障标准为1320元/月。北京市人力资源和社会保障局、北京市医疗保障局的资料显示，北京市参加社会保障的人数也逐年增多，2022年，参加企业职工基本养老保险人数为1764.7万人，参加职工基本医疗保险人数为1499.4万人，参加失业保险人数为1391.4万人，参加工伤保险人数为1337万人，参加生育保险人数为1077.5万人，参加城乡居民基本养老保障人数为187.5万人，参加城乡居民基本医疗保险人数为404.3万人，城市居民最低生活保障人数为7万人，农村居民最低生活保障人数为3.7万人。城镇职工参加社会保险数量也在逐年增加，2022年，参加企业职工基本养老保险的单位有823706个，共17647413人；参加职工基本医疗保险的单位有766203个，共14993630人；参加失业保险的单位有813779个，共13914474人；参加工伤保险的单位有834199个，共13369984人。

第四节　便利的交通运输

一、铁路

北京铁路枢纽是连接8个方向的全国最大的铁路枢纽，有京广线、京沪线、京九线、京包线、京通线、京哈线、京原线等众多线路干线呈辐射状通向全国各地，并有国际列车通往朝鲜、蒙古和俄罗斯。北京铁路枢纽是中国四大铁路枢纽之一。

北京铁路枢纽属环形、放射状铁路枢纽，枢纽范围包括京广线至琉璃河站；京沪线、京九线至黄村站；京包线至南口站；京原线至良各庄站；京承线至密云北站；京哈线至通州南站；京通线至怀柔北站；丰沙线至安家庄站。枢纽内共有车站80个。其中特等站5个、一等站8个、二等站8个、三等站22个、四等五等站37个。北京铁路主要车站包含北京站、北京西站、北京南站、北京丰台站、北京北站、清河站、北京朝阳站和北京城市副中心站8个主要客运站，黄土店站、延庆站和黄村站3个辅助客运站以及丰台西站、广安门站、双桥站、石景山南站、大红门站和百子湾站6个编组站及货运站。主要线路有京广高铁、京沪高铁、京津城际铁路、京哈高铁、京张高铁、京雄城际铁路和在建的京唐城际铁路、京滨城际铁路共计8条高速铁路；京沪线、京九线、京广线、京哈线、丰沙线、京包线、京通线、京承线、京原线、大秦线等多条普速铁路以及北京市郊铁路城市副中心线（S1）、北京市郊铁路S2线、北京市郊铁路怀柔密云线（S5）、北京市郊铁路通密线（S6）和未开通的北京市郊铁路东北环线等多条市郊铁路。

二、水路

京杭大运河途中经过北京市通州区，其始建于春秋时期，是世界上里程最长、工程最大的古代运河，也是最古老的运河。大运河从北京经天津、河北、山东、江苏，至浙江杭州，全长约1797千米。大运河通州城市段在2019年10月3日正式实现旅游通航，游客可在北关闸至甘棠闸11.4千米的河道之间游船赏景。2021年6月24日，实现从甘棠闸至市界28.7千米的河道之间的旅游通航，至此，两端航道正式连通，市民可以乘坐游船在40千米的河道上游览。2022年6月24日，京杭大运河实现京冀段全线互联互通，全长62千米，北起北京市通州区北关闸，南至河北省廊坊市香河县金门闸码头，这也标志着北京市第一次出现了跨省际航道和跨省际水上旅游运输。

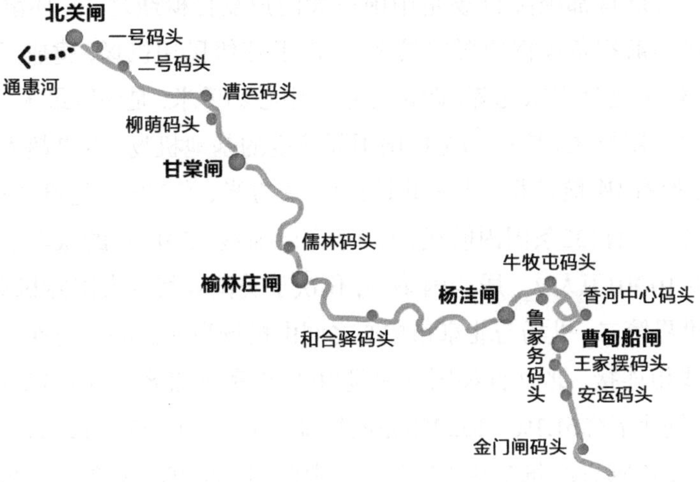

图1-1　京杭大运河线路示意图

此外，南水北调工程分东线、中线、西线3条调水线路，分别从长江下游、中游、上游调水，以实现我国水资源南北调配、东西互济的合理配置格局。其中，中线工程是解决我国北方地区水资源严重短缺，实现我国水资源优化配置的特大型基础设施项目，从长江支流汉江上的丹江口水库引水，途经湖北、河南、河北，流至北京，全长1267千米，北京段位于中线工程的末端。中线北京段工程总干渠从房山区北拒马河中支南进入北京境内，穿房山山前丘陵区，房山城区西、北关，过大石河、小清河、永定河，穿丰台西铁路编组站北端进入市区，从卢沟桥以东穿越京石高速公路，由岳各庄向北沿西四环路下北上与西长铁路线、五棵松站地铁、永定河引水渠相交，直至终点颐和园内的团城湖，全长约80.4千米，采用管涵加压输水方案。

三、航空

北京境内共有2座大型机场，分别为北京首都国际机场和北京大兴国际机场。

北京首都国际机场是中国三大门户复合枢纽之一、环渤海地区国际航空货运枢纽群成员之一，属于4F级民用机场，建成于1958年，位于北京市东北郊，距离北京市中心25千米，是中国最大、最繁忙的民用机场。该机场是中国国际航空的基地机场，世界超大型机场，拥有3座航站楼，面积共计141万平方米，有2条4E跑道和1条4F跑道，拥有132条国内航线，120条国际航线，2019年的旅客吞吐量高达10001万人次，居全国第一，仅次于美国亚特兰大国际机场，位居世界第二，机场与北京市中心之间由机场高速公路和地铁首都机场线相连接。北京首都国际机场2022年完成旅客吞吐量1270万人次，同比下降61.1%，2022年完成货邮吞吐量99万吨，与2021年同期相比，货邮吞吐量减少了41万吨，同比下降29.3%。2022年，北京首都国际机场完成飞机起降157630架次，与2021年同期相比，减少了140546架次，同比下降幅度达到47.1%。

北京大兴国际机场位于北京市大兴区，北距天安门46千米，北距北京首都国际机场67千米，南距雄安新区55千米，西距北京南郊机场约640米（围场距离），为4F级国际机场、世界级航空枢纽、国家发展新动力源。2014年12月26日，北京新机场项目开工建设；2018年9月14日，北京新机场项目定名“北京大兴国际机场”；2019年9月25日，北京大兴国际机场正式通航。北京大兴国际机场航站楼面积为78万平方米；民航站坪设223个机位，其中76个近机位、147个远机位；有4条运行跑道，东一、北一和西一跑道宽60米，分别长3400米、3800米和3800米，西二跑道长3800米，宽45米，另有3800米长的第五跑道为军用跑道。2022年，北京大兴国际机场共完成旅客吞吐量1027.8万人次，同比下降59%，全国排名第16位；货邮吞吐量127497.19吨，同比下降31.4%，全国排名第21位；飞机起降105922架次，同比下降49.9%，全国排名第20位 。

除此之外，北京还建有北京南苑机场（已于2019年关闭）、良乡机场、北京西郊机场、北京沙河机场、北京八达岭机场5座机场。

四、公路

全市公路形成以高速公路和环线公路、快速路为龙头国道，市线主干线为骨干，乡县公路为支脉，纵横交错、四通八达的公路系统。北京的第一条高速公路是首都机场高速公路（京高速S12），于1993年建成通车，北京现有京哈（G1）、京沪（G2）、京台（G3）、京港澳（G4）、京昆（G5）、京藏（G6）、京新（G7）、大广（G45）和六环路（G4501）等国家级高速公路，京承、京津、京密、密采、京平、京秦等京高速公路，京沈、京抚、京滨、京广 、京昆、京拉和京秦线等国道高速公路。北京的环线公路简称“京环线”（G122），北京环线公路经过河北省和天津市2个省级行政区，起点为河北省保定高碑店市，经天津市、河北省唐山市、张家口市宣化区、保定市涞源县，终点仍为高碑店市，该国道是一条环北京的国道，全程1228千米。2022年末，全市公路里程22362.8千米，比2021年末增加42.9千米，其中高速公路里程1196.3千米，增加19.8千米。2022年末城市道路里程6208.8千米，比2021年末增加41.3千米。

五、公共交通

（一）轨道交通

北京地铁始建于1965年，首条线路于1971年1月15日正式运营，北京是中国首个开通地铁的城市。北京地铁的车票种类分为单程票、福利票、民政一卡通、市政交通一卡通、手机一卡通、交通联合、电子单程票、电子定期票共8种。北京地铁（不含首都机场线、大兴机场线）采用分段计价方式，具体票价为：6千米（含）内3元，6千米至12千米（含）4元，12千米至22千米（含）5元，22千米至32千米（含）6元，32千米以上每20千米增加1元，最高票价不封顶。西郊线、亦庄T1线的计价方式与上述方式相同，但单独计费，不能与其他线路一票换乘。首都机场线单一票价25元，单独计费，不能与其他线路一票换乘。2021年12月1日，"亿通行"App推出北京地铁首都机场线电子计次票，共有4种类型，10次/月计次票200元、20次/月计次票300元、30次/月计次票375元、50次/月计次票500元。大兴机场线分段计价，单独计费，不能与其他线路一票换乘。

截至2022年末，北京轨道交通拥有车站470座，其中换乘站78座；轨道交通运营线路27条，运营车辆7274辆，较2021年末增加164辆；全年客运总量22.62亿人次，同比减少26.8%。

（二）公交

北京的公交以公共汽电车线路、郊区线路为主，以快速公交、长途线路、定制公交、旅游线路为辅。常规的公交价格在10千米（含）内2元，10千米以上部分，每增加1元可乘坐5千米。使用市政交通一卡通刷卡乘坐城市公共电汽车，市域内路段给予普通卡5折、学生卡2.5折优惠，市域外路段享受8折优惠。

截至2022年末，公共电汽车运营线路1291条，比2021年末增加

74条；运营线路长度30174千米，比2021年末增加1594千米；运营车辆23465辆，比2021年末增加386辆；全年客运总量17.2亿人次，比2021年末减少24.9%。

（三）出租汽车

出租汽车的价格在3千米（含）以内13元，基本单价2.3元/千米，低速行驶费和等候费根据乘客要求停车等候或由于道路条件限制，时速低于12千米时，每5分钟早晚高峰期间加收2千米租价（不含空驶费），其他时段加收1千米租价（不含空驶费），空驶费是单程载客行驶超过15千米部分，基本单价加收50%的费用；往返载客［含起点和终点在2千米（含）范围以内］不加收空驶费。夜间收费是23:00（含）至次日5:00（不含）运营时，基本单价加收20%的费用。合乘收费是合乘里程部分，按非合乘情况下应付金额的60%付费。

截至2022年末，北京市出租小汽车运营车辆70230辆，较2021年减少9370辆；客运量18669万人次，较2021年减少13%。

截至2022年，北京全年的交通运输：全年货运量24030万吨，比2021年减少14.5%；货物周转量881.2亿吨公里，增长0.09%。全年客运量28010万人，减少33.8%；旅客周转量573.3亿人/千米，减少45.2%。此外，年末全市机动车保有量712.8万辆，比2021年末增加27.8万辆。民用汽车625.7万辆，比2021年末增加11.3万辆。其中，私人汽车532.6万辆，增加11.5万辆；私人汽车中轿车290.6万辆。

第五节　灿烂的历史文化

一、建筑

北京有着3000多年的建城史、800多年的建都史，北京这座“四方城”里有着丰富的建筑遗产。建筑作为一种从设计到建造来实现物质空间以满足人类基本需求的艺术和技术，体现了当地历史文化的变迁与发展。北京古代建筑就是以宫殿、寺庙为代表的皇家建筑和民间建筑。说起民间建筑，胡同和胡同里的四合院就是其中最具代表性的存在。

北京的皇家建筑与宫殿的发展息息相关。唐大明宫含元殿既是殿又有阙，称为宫阙制，其形制影响了明清宫门制度。宫殿建筑采用“工字殿”形制。明清的北京宫殿始建于明永乐四年（1406年），完成于永乐十八年（1420年）。宫城称为紫禁城，东西宽760米，南北深960米，周围有护城河环绕。城墙四面辟门，城墙四隅有角楼。宫城内部分外朝、内廷两大部分。北京故宫是中国封建社会末期的代表性建筑之一，在利用建筑群来烘托皇帝的崇高与神圣方面，达到了登峰造极的地步。其主要手法是在1.6千米的中轴线上，用连续的、对称的封闭空间，形成逐步展开的建筑序列，衬托出三大殿的庄严、崇高、宏伟。

如今的故宫博物院成了中国著名的旅游景点，故宫博物院十分注重文化的交流传播，除了举办一些外国文物的展览，还有效利用自己的IP，不断创新，推出一系列有特色的文创产品，使人们对故宫的历史文化有了更多的关注和了解。目前，将地域文化与创意经济相融合，打造出有独特文化元素的文化创意产品逐渐成为新的趋势。故宫博物院抓住了不同年龄段的受众需求，设计出不同类型的文创产品，推出纪录片、综艺等作品，不断向历史文化中注入新鲜活力。

胡同，可以称得上是北京文化的“活化石”，记载着北京的历史发展与变迁，有着极高的历史文化价值。北京的胡同大部分形成于元朝，明清以后不断发展，是北京特有的城市小巷，大部分呈东西走向，宽度较窄。北京胡同是随着京城的形成而变化、发展演进的。胡同的兴盛时期是元朝，官僚贵族在大都城盖起了住房及院落。后来明朝的建筑布局都以中轴线为依据，北京城的“凸”字结构正式形成。清朝向民国初期过渡，北京形成一条横穿东西的长纬线，与纵贯南北的中轴线直角相交于天安门前，形成一个大“十”字坐标，街巷胡同以此为中心向外展开。现在的北京城，吸引人们的不是鳞次栉比的高楼大厦、四通八达的宽马路，而是那曲折幽深的小胡同。因此，有人称古都文化为“胡同文化”。“胡同”本是蒙古语“井”的意思，发音为“忽洞”。因为有人居住的地方自然就有水源，“井”渐渐就成为人们居住场所的代称，谐音变为“胡同”。北京胡同的名称经历了一个历史变迁的过程：元朝只是靠人们口头相传，民国之后则开始将胡同名称写在标牌上并悬挂在胡同口，代表其所在方位，成为人们活动中不可缺少的指示性标志，这就是胡同名称的实用指代作用。而对于北京人来说，胡同不仅标示了城市的布局，更是他们许多人的童年回忆。近些年，北京城的高楼大厦林立，但依旧有许多人居住在胡同中，或者说还有更多的人的童年记忆是胡同。

随着对胡同的关注度提升，也出现了新兴的旅游方式——游胡同。自2008年奥运会成功举办以来，北京也成为向全世界介绍中国的窗口，这也让胡同文化进入了全新的发展阶段。近两年，由于自媒体平台的快速发展，有更多的人开始将北京旅游聚焦到北京的胡同上，这也有效地促进了北京胡同的保护和对其文化内涵的重视。

提及胡同，就要说一说胡同中必不可少的元素——四合院。北京四合院自成一格，不但有异于外国，也有别于晋中、皖南、蜀中、岭南等中国其他地方的合院建筑。北京四合院几乎全是单层的，院子宽阔，多带廊子，窗子朝着内院，四周封闭。不管外面街巷多么嘈杂，里面有自家的一片天、一块地，关上大门自成一统。院内绿树成荫，花木扶疏，一家人住在里面，别有洞天，安逸清静，如小世外桃源。北京四合院也从它的建筑风格体现出了北京自古以来的历史文化特征。正房、厢房、耳房、倒座房、后罩房、大门、垂花门、影壁、庭院构成了北京四合院的基本格局。从这些建筑的建造和方位朝向等的讲究中，也不难看出四合院体现出的伦理秩序和空间等级。通过空间的等级区分人群等级，从建筑秩序来展示出伦理秩序。同时，四合院的整体防卫依靠周围的围墙，院内各单位建筑都面向内院，形成了对外封闭、对内开敞的布局。邓云乡在《北京四合院》中说道："北京四合院好在其'合'，贵在其'敞'，'合'便于保存自我的天地；'敞'则更容易观赏广阔的空间，视野更大，无坐井观天之弊。这样的居住条件，似乎也影响到居住者的素养气质。一方面是不干扰别人，自然也不愿别人干扰；二方面很敞快，较达观，不拘谨，较坦然，但也较少竞争性，自然一般也不斤斤计较；三方面对自然界却很敏感，对岁时变化有深厚的情致。"这也体现出了四合院的外闭内敞，相对独立的特点。此外，北京四合院的庭院式布局提供了露天的庭院，这些庭院不仅起到了充分采光、阻挡风沙、隔绝噪声的净化作用，还浓缩了自然生态，打造出以家庭为单位的雅居生活。罗哲文在《北京的历史文化》一书中也提到了四合院对北京历史文化的重要意义："四合院是中华文化的载体，也是北京地域人文风貌的象征。风雨的更造，岁月的剥蚀，虽然使大多数四合院失去了往日的光彩，但院落中的一砖一石仍能唤起人们对历史的追忆，对中华文化的向往。"

如果说胡同文化是通过建成后的名称、形状等进行的表达，那么四合院就是从建造图纸完成的那一刻开始，所有的传统规矩、讲究就已形成。二者作为构成北京城的基本元素，在北京的历史文化发展进程中，深度融合当地的人文历史，表现出了鲜明的地方特色，也成为北京城市文化重要的组成部分。

二、戏曲

说到北京的戏曲，人们最先想到的大概就是京剧了。自京剧这一曲种在北京形成后，便受到了人们的喜爱和欢迎。京剧，又称平剧、京戏，是我国影响最大的戏曲剧种，其分布以北京为中心，遍及全国各地。自清代乾隆五十五年（1790年）起，以安徽籍艺人为主的南方四大徽班陆续进入北京，在此时期，接受了昆曲、秦腔的部分剧目、曲调和表演方法，又吸收了一些地方民间曲调。通过不断的交流、融合，京剧最终形成了。京剧形成后经过数十年的发展，在剧目、表演、音乐、唱腔、舞美等方面都有了很大提高，到光绪年间趋于成熟，并呈现出繁荣局面。名角辈出，群星争辉，流派纷呈。涌现出“同光十三绝”等一大批著名演员，如老生“后三杰”谭鑫培、孙菊仙、汪桂芬；小生中的徐小香；武生中的俞菊笙、黄月山、李春来、杨月楼；旦角中的余紫云、陈德霖、王瑶卿、龚云甫；净行中的何桂山、黄润甫、金秀山、刘永春等；丑角中的杨鸣玉、刘赶三等。与此同时，京师的戏班大大增加，多达数十个。大大小小的戏园子已有40余处。演出空前活跃。民国时期，京剧流播全国，有“国剧”之称。以“梅兰芳”命名的京剧表演体系，更是被视为东方戏剧表演体系的代表，成为世界三大表演体系之一。京剧，作为中华民族传统文化的重要表现形式，其中的多种艺术元素被用作我国传统文化的象征符号。2006年5月，京剧“式微”势头初显，被国务院批准列入第一批国家级非物质文化遗产名录；2010年，京剧被列入联合国教科文组织人类非物质文化遗产代表名录。

京剧产业属于文化产业。文化产业产生于经济全球化的大时代背景下，同时具备文化属性与产业属性，依靠文化与创新存在。随着互联网科技与新媒体技术的快速发展，文化产业形成独树一帜、特色鲜明的商业模式，凭借其独特的价值取向和传播方式，为社会经济发展作出了巨大贡献。京剧作为国粹，具有深厚的文化底蕴和美感，于二十世纪三四十年代风靡一时，迅速发展成为全国范围内最具影响力的剧种之一，深受广大百姓喜爱。但随着社会的发展与时代的进步，各种新的艺术形式层出不穷，京剧艺术的市场正逐渐被挤压。

人们对于戏曲的关注大不如前，究其原因，一是京剧已经不是大多数人会首选的欣赏类型，尤其是现代流行音乐的出现，人们将更多的关注点放在了音乐，而非戏曲上。二是人们接收的内容变得更加丰富，无论是音乐、影视还是戏剧，受众能做出的选择不断增多，审美品味也呈现出了不同的个性和差异化。但是，京剧之所以被称为“国粹”，肯定是有其独特的魅力和技艺传承在其中的。虽然新媒体技术的发展使人们有了更多的休闲娱乐选择，但机遇与挑战往往并存。2018年，《中国微电影短视频发展报告》中提到：“在移动互联网的传播内容中，短视频以时长短、流量占用少、话题性强、易聚集用户等优势成为新的增长热点。同时，短视频以惊人的传播力成为传播优秀传统文化的重要载体，也成为推动中国优秀传统文化创造性转化和创新性发展的重要渠道。”在此背景下，传统文化行业也在努力抓住新机遇。现在，线上“云”模式参观和学习成为很多受众的首选方式。因此，一些戏曲类博主开始在短视频中进行相关的科普视频推荐，也让更多的年轻人重新开始了解戏曲，热爱戏曲。

三、戏剧影视

就文化地理学的角度而言，明清的北京实际上是一个独立的文化区。从休闲学的角度来看，北京是一个独立的休闲文化区。自新中国成立以来，凭借重新建构的政治语境和文化管理体系，我国戏剧发展步入了全新的历史阶段，开始与新中国共同成长并不断蜕变。70多年来，戏剧创作始终与民族使命同频、与时代精神共振，以其独有的艺术审美形态，见证并记录了新中国的崛起以及社会转型中的嬗变。近年来，随着北京的经济、文化等飞速发展，国内外文化的交流活动日益频繁，北京的戏剧市场逐渐呈现出繁荣景象。中国国家话剧院、北京人民艺术剧院、中国儿童艺术剧院等大型剧团专业性强、组织规模大，且历史传承深厚。这些剧团也为人们的休闲娱乐活动作出了极大贡献。

除此之外，北京的戏剧影视行业更是飞速发展，广播影视产业保持快速发展态势，取得了令中国和世界同行侧目的成就。北京拥有全国最大的广播影视人才储备。中国传媒大学、北京电影学院、中央戏剧学院等全国最重要的艺术高等院校，中国电影集团等全国最大的影视制作机构，中国爱乐乐团等全国最著名的文化艺术乐团，中国电影博物馆等全国最出色的艺术科研机构大多集中在北京。另外，北京的中国科学院院士、中国工程院院士、博士生导师也是全国各省（区、市）中最多的，这些专业人才是北京发展文化创意产业极为丰富的人才储备。北京拥有发展广播影视产业的强力政策支持。北京市委、市政府高度重视广播影视业发展，把广播影视业作为新的经济增长点，按照国家的统一部署，积极推进体制改革和机制创新，出台了一系列鼓励广播影视产业发展的政策措施，并取得了积极成果。优质的影视作品受到更多人的关注和喜爱，同样也为影视行业的正向发展提供了巨大动力。

四、宗教

中国宗教文化作为中国丰富多样的文化遗产中的重要组成部分，具有潜移默化地影响人精神的作用，指导人的社会生活。深刻理解宗教文化内涵，合理开发并充分运用宗教文化资源，既可以推进文化无形的传承性，增强民族凝聚力和国家文化软实力，也可以将其转换为有形的宗教产业实体促进国家经济发展。宗教文化产业化是将其无形的宗教文化转化为和经济形式结合的有形产业，以经济形式的实体产业为寄托，在传播和发展宗教文化的同时可以为国家带来经济利益，促进国家整体经济发展。北京不仅是我国的政治中心和文化中心，也是人类文明的发源地之一。从古至今，各种宗教都在北京繁衍和发展，佛教、基督教、伊斯兰教等宗教也相继在北京地区传播，并逐渐融入传统文化和北京历史文化之中，逐渐形成了多元文化体系的北京宗教文化。

北京不仅有千年的古刹，还有中西合璧的教堂和中阿合璧的清真寺。这些绚丽多姿的宗教建筑，无不展示了古都北京海纳百川的博大胸怀。北京的宗教文化与千年古都相辉映，源远流长。北京，从辽、金、元、明、清五朝封建帝都，到近代民国首都，历经时代变迁。在近代京城社会转型中，随着传统宗教文化的逐渐衰微与变异，以宗教祭祀为主导，兼及商贸集市和民间游艺的北京庙会活动日益兴起。北京宗教文化的内涵非常丰厚，其兴衰与中国传统文化的形成与发展有着密切的关系。北京作为五朝帝都，先后经历了34位皇帝。古时礼仪礼制的严格要求，也使京城建造了许多大小不同、功能不一的寺庙。北京的寺庙多为佛教寺庙。佛教产生于古代印度，传入中国后，经过长期演化，佛教与儒家文化和道家文化融合发展，最终形成了具有中国特色的佛教文化，给中国人的宗教信仰、哲学观念、文学艺术、礼仪习俗等留下了深刻影响。1949年后，北京作为新中国的首都，佛教寺庙得到保护和修缮。因为许多寺庙有着与战争相关的历史故事，因此寺庙对于我们弘扬爱国主义、推进民族团结进步事业，建设全国文化中心也有着重要的现实意义。

基督教是世界主要宗教之一，自公元1世纪产生，至今已有2000多年的历史。教堂是基督教举行宗教活动的场所。教堂与每一位基督教信徒的生活息息相关，几乎所有基督教信徒的婚丧嫁娶都要到教堂举行宗教仪式。随着基督教的传入，西方那雄伟壮观、精美绝伦的教堂建筑艺术也传入了北京。一座座罗马式和哥特式的教堂在北京这座东方文明古城中安了家、落了户，构成了北京丰富多彩的教堂文化和人文景观。新中国成立后，中国教会摆脱了帝国主义操纵下的西方教会的控制，建立了自治、自传、自养的新教会，终于走上了独立自主自办教会的道路。如今北京的教堂文化正以新的姿态展现在世界人民的面前。

北京地区最早的清真寺就是牛街礼拜寺。潘梦阳在《伊斯兰与穆斯林》中说道："牛街礼拜寺是北京市规模最大、历史最悠久的一座清真寺。它建于辽统和十四年（北宋至道二年、公元996年）。明正统七年（1442年）重修。”北京清真寺作为伊斯兰文化的载体，在演进与发展过程中，逐渐形成独特的文化体系。尤其是在新中国成立以后，北京的伊斯兰教才真正得到发展。它作为回族等穆斯林生活中的重要组成部分，也使北京地区的清真寺逐渐成为国际友好往来的中心，据北京市伊斯兰教协会统计，仅1979—1989年期间，北京地区的清真寺在国际友好往来中，各寺共接待外宾约10万人次，各寺在10年期间仅开斋节和古尔邦节约有2.2万中外穆斯林参加会礼。北京清真寺的文化更体现在清真寺本身。北京清真寺就是中阿建筑艺术融合的典范。无论是随处可见的阿拉伯文书法、文匾，还是各国版本的《古兰经》，都说明了北京伊斯兰教文化是中阿文化相互融合的写照。

北京的宗教文化不仅历史悠久，而且表现形式也不完全相同，有些是寺庙的建筑，有些则是宗教器物。无论是哪种形式的表达，都有着传播和承载社会历史文化的功能，它也间接地反映出北京的政治、经济、文化状况，为当今宗教文化的发展提供了充足的资源。

第六节　繁荣的教育事业

一、北京市学前教育发展情况概述

根据北京市教育委员会统计，截至2022年，北京市共有幼儿园1989所，在园幼儿数为57.42万人，教职工人数为10万人，专任教师为4.88万人。2015—2022年，北京市幼儿园数量逐年增加，在园幼儿、教职工和专任教师人数有明显增长，北京市学前教育规模将持续扩大。

二、北京市义务教育发展情况概述

（一）在校学生情况

截至2022年，北京市共有719所小学，在校生108.3813万人，毕业生人数13.3331万人，与上一年的13.4051万人相比，毕业生总数稍有下降。根据各区学生基本情况，海淀区、朝阳区、西城区毕业生总数位列前三，分别为26276人、20173人、13427人。

全市共有684所普通中学，其中，初中在校生35.5820万人，毕业生103514人；高中在校生19.8928万人，毕业生49775人。北京市共有77所中等职业学校，毕业生12515人。

（二）师资基本情况

截至2022年，全市小学教职工总数6.67万人，较上年6.52万人增加2.3%，其中专任教师数占比90.7%，达到6.05万人，较上年5.90万人，增加了2.5%。

全市初中教职工总数9.97万人，较上年9.66万人增加3.2%，其中专任教师数占比80%，达到7.98万人，较上年7.68万人增加了3.9%。

（三）硬件设施情况

全市小学校舍建筑面积818.7万平方米，比上年增加了2.8%。全市小学教学及辅助用房面积结构合理，其中，教室面积占比49.17%、图书馆面积占比4.22%、体育馆面积占比6.27%，较上年变动幅度不大。

全市初中校舍建筑面积1857.6万平方米，比上年增加了6.7%。全市初中教学及辅助用房面积结构合理，其中，教室面积占比36.45%、图书馆面积占比5.86%、室内体育馆面积占比11.56%，较上年变动幅度不大。

（四）教育经费情况

北京市公共财政教育经费从2014年的758.5亿元增长至2021年的1135.16亿元。2010—2013年，北京市政府加大力度发展义务教育，不断增加对义务教育的财政投入，2013年义务教育所占比例超过总投入额半数，随后投入比例逐步下降。义务教育中，小学和初中教育的经费投入在2014年之前均保持稳定增长，小学的增长速度更快，年平均增长率为17%，比初中高出5个百分点。在分配比例上，小学教育的经费投入一直在55%以上，且持续增加，2021年北京市普通小学生均一般公共预算教育事业费支出为33633.65元，比上年增长了0.26%。

三、北京市高等教育发展情况概述

北京市高等教育总体情况

2022年，北京市共有110所高等学校，包括92所普通高等学校、18所成人高等学校。其中，高等学校（机构）研究生在校生共43.5035万人，预计毕业生15.0801万人；普通研究生在校生共41.2030万人，预计毕业生15.1998万人；普通本科在校生共53.5113万人，预计毕业生12.7393万人；普通专科在校生共67399人，预计毕业生26989人。与上年相比，普通本专科毕业生人数基本保持稳定。

四、北京市职业教育发展情况概述

（一）办学规模

2022年，北京独立设置高等职业院校25所，其中北京市教育委员会所属高等职业院校4所、其他委办局或总公司所属高等职业院校10所、区县政府所属高等职业院校2所、民办独立设置高等职业院校9所。

北京现有国家级和北京市级两级示范性高职院校12所，其中国家重点建设示范性高职院校4所、国家重点建设骨干高职院校2所，两级示范校占北京高职院校的48%；北京市有7所高职院校入选“中国特色高水平高职学校和专业建设计划”（国家级“双高校”），8所高职院校入选北京市特色高水平职业院校建设计划（北京市“特高院校”），分别占北京高职院校总数的28%和32%。2022年，北京高等职业教育专业设置覆盖19个专业大类，其中高职院校专业设置覆盖17个专业大类。高职院校专业设置三、二、一产业专业数分别为410个、283个、68个。北京高职院校专业大类学生分布及专业设置与北京三、二、一产业结构相适应。

北京市依托国家、北京两级特色高水平专业（专业群）建设项目，加强专业建设和发展。北京共有7所院校的10个高职专业（群）入选中国特色高水平专业建设计划、15所院校的22个专业（群）入选北京市第一批特色高水平骨干专业（群）建设；10所院校的16个专业（群）入选北京市第二批特色高水平骨干专业（群）建设。截至2022年，北京市两批特色高水平建设骨干专业（群）38个，专业（群）建设与北京高精尖产业结构、城市运行和发展、高品质民生需求高度契合。

（二）办学资源

2022年，北京高职院校（含首钢工学院）占地面积726.36万平方米、校舍总建筑面积408.83万平方米，教学行政用房面积189.12万平方米；固定资产总值128.53亿元，其中教学、科研仪器设备资产总值39.45亿元；有纸质图书1111.59万册、电子图书1137.81万册；实习实训基地总数1330个，其中校内实践基地（工位数）69218个、校外实训基地2162个；职业技能鉴定站307个；计算机总数67443台。2022年，北京高职院校教职工总数0.81万人，专任教师总数0.42万人。北京高职院校办学条件12项核心指标（中位数）数据显示，除新增科研仪器设备所占比例之外，2022年，北京高职院校基本办学条件11项核心指标均达到合格指标要求并超过全国水平。其中生师比、具有研究生学位教师占专任教师的比例（%）、生均教学科研仪器设备值（万元）、生均图书（册）、百名学生配教学用计算机数（台）等指标水平大幅领先。近3年相关数据显示，北京高职院校办学核心指标生均值中位数3年持续领先全国水平。

第七节　快速发展的经济

经济发展指的是一个国家或者地区人口的平均福利增长过程。经济发展不仅指的是财富数量方面的增长，还意味着产业结构的优化和经济质量的提高等多方面提升。本节从经济规模、经济结构和增长速度等方面来对北京整体的经济发展情况进行分析。

一、全市三次产业

（一）经济规模

从表1-2可知，北京经济规模逐步扩大，地区生产总值由2015年的24779.1亿元增加到2022年的41610.9亿元，增加了16831.8亿元，2022年是2015年的1.68倍。其中，第一产业从2015年的140.4亿元减少到2021年的111.4亿元，2022年开始小幅度上升，达到111.5亿元，比2015年减少了28.9亿元；第二产业发展迅速，从2015年的4419.8亿元增加到2022年的6605.1亿元，增加了2185.3亿元，2022年是2015年的1.49倍；第三产业发展更加迅猛，从2015年的20218.9亿元增加到2022的34894.3亿元，增加了14675.4亿元，2022年是2015年的1.73倍。

表1-2 产业规模

单位：亿元

	2015年	2016年	2017年	2018年	2019年	2020年	2021年	2022年
地区生产总值	24779.1	27041.2	29883.0	33106.0	35445.1	35943.3	41045.6	41610.9
第一产业	140.4	129.8	121.9	120.6	114.4	108.3	111.4	111.5
第二产业	4419.8	4665.8	5049.4	5477.4	5667.4	5739.1	7389.0	6605.1
第三产业	20218.9	22245.7	24711.7	27508.1	29663.4	30095.9	33545.2	34894.3

资料来源：根据历年《北京区域统计年鉴》整理、计算得到。

（二）经济结构

从表1-3可知，在三次产业中，第一产业占比非常低，由2015年的0.6%下降到2022年的0.3%；第二产业占比波动下降，由2015年的17.8%下降到2020年的16.0%，2021年上升至18.0%，2022年下降至15.9%，下降了2.1个百分点。而第三产业占比非常高，由2015年的81.6%逐渐上升到2022年的83.9%，上升了2.3个百分点。

表1-3 三次产业占比

单位：%

	2015年	2016年	2017年	2018年	2019年	2020年	2021年	2022年
第一产业	0.6	0.5	0.4	0.4	0.3	0.3	0.3	0.3
第二产业	17.8	17.3	16.9	16.5	16.0	16.0	18.0	15.9
第三产业	81.6	82.3	82.7	83.1	83.7	83.7	81.7	83.9

资料来源：根据历年《北京区域统计年鉴》整理、计算得到。

（三）三次产业贡献率

从表1–4可知，第一产业对经济增长的贡献由负转正再转为负；第二产业对经济增长的贡献在2022年有所波动，最高为2021年的41.9%，2022年达到–297.7%；第三产业对经济增长的贡献占绝对地位，2022年达到398.4%，这是因为疫情结束之后大量消费，促进了第三产业经济的增长。

表1–4　三次产业贡献率

单位：%

	2015年	2016年	2017年	2018年	2019年	2020年	2021年	2022年
第一产业	–1.0	–0.7	–0.3	–0.1	–0.3	–2.9	0.1	–0.7
第二产业	8.5	13.8	10.8	10.0	10.7	38.2	41.9	–297.7
第三产业	92.6	86.9	89.5	90.2	89.6	64.6	58.0	398.4
工业	0.5	9.2	9.9	8.0	6.5	23.0	42.1	–302.5
建筑业	7.9	4.7	1.0	2.1	3.4	15.3		0.7

资料来源：根据历年《北京区域统计年鉴》整理、计算得到。

二、部分新兴产业

从表1–5可知，新兴产业增加值呈现逐年上升的趋势，数字经济从2016年的9674.7亿元增加到2022年的17330.2亿元，2022年是2016年的1.79倍，增加了7655.5亿元；战略性新兴产业从2016年的5654.7亿元增加到2022年的10353.9亿元，2022年是2016年的1.83倍，增加了4699.2亿元；高技术产业从2016年的5888.8亿元增加到2022年的11820.9亿元，2022年是2016年的2.01倍，增加了5932.1亿元；生产性服务业从2016年的13032.2亿元增加到2021年的20741.9亿元，2021年是2016年的1.59倍，增加了7709.7亿元；生活性服务业从2016年的6205.3亿元增加到2021年的8637.6亿元，2021年是2016年的1.39倍，增加了2432.3亿元。

表1–5 产业规模

单位：亿元

	2016年	2017年	2018年	2019年	2020年	2021年	2022年
数字经济	9674.7	10852.6	12515.9	13609.2	14370.4	16596.3	17330.2
战略性新兴产业	5654.7	6619.8	7831.5	8441.9	8739.8	10597.1	10353.9
高技术产业	5888.8	6834.5	7996.0	8689.4	9514.9	11482.2	11820.9
生产性服务业	13032.2	14549.2	16449.9	17806.1	18581.0	20741.9	
生活性服务业	6205.3	6839.0	7475.9	8043.5	7660.0	8637.6	

资料来源：根据历年《北京区域统计年鉴》整理、计算得到。

三、三大需求贡献率

从表1–6可知，从2015—2022年，最终消费支出对经济增长的贡献在三大需求贡献中占据了绝对地位，但从2020年开始，由于受到疫情的影响，我国居民失业率极高，收入水平下降，导致居民可支配收入大幅下降，居民消费意愿普遍降低，最终消费支出在2020年和2022年出现了极大的负增长，分别达到–327.2%和–166.7%；投资对经济增长的贡献波动比较大，最高为2022年，达到271.5%，和最终消费支出形成鲜明对比，表明国内很多居民受疫情影响，消费观念发生巨变，通过减少消费，加大存款来抵抗疫情带来不确定性的威胁；净出口对经济增长的贡献波动也比较明显，最高为2020年，达到208.6%，由于受到疫情影响，主要发达国家工业生产恢复之路受到阻碍，海外商品消费供需缺口巨大，我国出口得以发挥“替代效应”。

表1-6 三大需求贡献率

单位：%

	2015年	2016年	2017年	2018年	2019年	2020年	2021年	2022年
最终消费支出	65.7	62.2	63.8	72.4	56.1	-327.2	59.5	-166.7
资本形成总额	26.4	31.3	38.9	13.3	37.9	218.6	27.5	271.5
货物和服务净流出	7.9	6.5	-2.7	14.3	6.0	208.6	13.0	-4.9

资料来源：根据历年《北京区域统计年鉴》整理、计算得到。

第二章

上海基本情况概述

第一节　追踪上海

上海，简称“沪”，别称“申”。约6000年前，现在的上海西部即已成陆。相传上海曾经是春秋战国时期楚国春申君的封邑，故上海别称为“申”。上海位于中国东部，地处长江入海口，面向太平洋。它与邻近的浙江省、江苏省、安徽省构成长江三角洲，是中国经济发展最活跃、开放程度最高、创新能力最强的区域之一，是中国最大的国际经济中心和重要的国际金融中心。

一、历史沿革

上海吴淞江下游一段古时别称扈渎，亦作“沪”，故亦简称沪。北宋熙宁七年（1074年）在今上海旧城区一带设市舶提举司及榷货场，专门管理海外贸易，称上海镇。至南宋咸淳年间正式建立镇治，为当年华亭县所属最大市镇。1292年，元朝政府把上海镇从华亭县划出，批准设立上海县，标志着上海建城之始。

16世纪中叶，明代的上海已成为全国棉纺织手工业中心。1685年，清朝政府在上海设立海关，对外开埠通商。19世纪中叶，上海已成为商贾云集的繁华港口。1949年，中华人民共和国成立后，上海的经济和社会面貌发生巨大变化。1978年以来，上海率先走出一条具有特大城市特点的科学发展之路。

2022年，上海在基本建成国际经济、金融、贸易、航运中心的基础上，已形成具有全球影响力的科技创新中心基本框架体系，并正坚定迈向具有世界影响力的社会主义现代化国际大都市。

二、行政区划

上海市地处东经120° 51′ ~122° 12′，北纬30° 40′ ~31° 53′，太

平洋西岸，亚洲大陆东沿，中国南北海岸中心点，长江和钱塘江入海汇合处。北界长江，东濒东海，南临杭州湾，西接江苏和浙江两省，东西最大距离约100千米，南北最大距离约120千米，总面积6340.5平方千米。大陆岸线长约213千米，海域面积约1万平方千米。

第二节　丰富的自然资源

上海市自然资源以水为主，坐拥长江口，湖泊众多，地下水资源丰富。矿产稀缺，尤其缺乏金属矿。生物资源集中在近海区域及岛屿，植被以人工林为主。近年来注重生态保护与资源合理利用，探索近海油气资源。

一、水资源

随着工业化和城市化的快速发展，环境与社会关系也相应发生急剧转型。近几十年来，缺水成为阻碍全球经济可持续发展的主要问题之一。自20世纪80年代改革开放以来，上海水需求迅速增加，与此同时，水污染现象也日趋恶化，造成需水与供水的极大矛盾，对上海生态系统的平衡也造成很大的冲击。上海目前水资源的供需矛盾已经日益突出。改革开放以来，上海人均可用清洁水量与人均用水量呈反向变化趋势，在20世纪80年代二者均小幅波动，差距不大，但此后伴随浦东开发开放及经济的快速发展，人均用水量迅速增加，人均可用清洁水量则显著减少，二者在1996年分别达到各自峰值，即上海人均用水量增至900立方米，人均可用清洁水量则大幅减少到230立方米，只有人均用水量的26%，处于严重缺水状态。

上海市内水资源流量主要由黄浦江及其他市内河道流量构成。黄浦江年均径流量为300多立方米/秒，年均流量100亿立方米，加上其他市内河道流量，上海市内水资源年均径流量合计为145亿立方米。上海地区北、东、南三面濒江临海，西面有以太湖为主的密集湖群分布，境内水网稠密。

二、矿产资源

上海由于受地质环境和成矿赋存条件的限制，矿产资源相当贫乏。目前共查明矿产资源4类14种，其中能源矿产2种：浅层天然气、地下水含水层储能（非传统矿产资源）。金属矿产6种：铜、银、锌、金、铁、镉（金山铜矿主、伴生矿）。非金属矿产4种：安山岩、石英砂、贝壳砂、黏土。水气矿产：地下水、矿泉水。

由于上海市境内缺乏金属矿产资源，建筑石料也很稀少，陆上的能源矿产同样匮乏。20世纪70年代，上海市开始在近海寻找油气资源，在多口钻井中获得工业原油和天然气。

据初步估算，东海大陆架油气资源储量约有60亿吨，是中国近海海域最大的含油气盆地。附近的南海、黄海，经过调查和勘探，也发现油气资源，估算有2.9亿吨储量。东海海水中化学资源丰富，在长江口浅海底下，还发现一些矿物异常区，有锆石、石榴石、金红石等重要矿物。

三、动植物资源

上海市境内天然植被残剩不多，绝大部分是人工栽培作物和林木。天然的木本植物群落，仅分布于大金山岛和佘山等局部地区，天然草本植物群落分布在沙洲、滩地和港汊。栽培的农作物共有100多个种类，近万个品种。蔬菜多达400多种，居全国之冠，瓜果和观赏花卉品种也很多。动物资源主要是畜禽品种，野生动物种类已十分稀少。水产资源丰富，共有鱼类177属226种，其中淡水鱼171种、海水鱼55种。

第三节　发达的社会事业

一、医疗

2022年，上海市卫生健康系统以习近平新时代中国特色社会主义思想为指导，深入贯彻落实党的二十大精神，坚决贯彻落实党中央、国务院的决策部署，在国家卫生健康委和上海市委、市政府的坚强领导下，坚持以人民为中心的发展思想，坚持稳中求进总基调，坚持把疫情防控作为重中之重，推进健康中国战略、健康上海行动和积极应对人口老龄化战略，统筹疫情防控和卫生健康各项工作，不断推动卫生健康事业高质量发展。

截至2022年底，上海有各级各类医疗卫生机构6421家（含村卫生室），其中医院455家、基层医疗卫生机构5727家、专业公共卫生机构101家、其他机构138家。全市医疗机构实有床位17.36万张，比上年增长3.03%，每千人口（户籍人口，下同）11.53张。全市卫生人员30.08万人，其中执业（助理）医师8.89万人（每千人口5.91人），注册护士11.13万人（每千人口7.39人）。全市医疗机构门急诊21959.68万人次，出院383.18万人次，住院手术381.34万人次。2023年末，上海市共有卫生机构6531所，卫生技术人员25.64万人。全年全市医疗机构共完成诊疗人次数2.66亿人次。上海地区婴儿死亡率2.14‰，上海地区孕产妇死亡率0.0289‰。全市危重孕产妇、危重新生儿抢救成功率分别为99.7%、94.0%。

2022年，上海户籍人口期望寿命83.18岁，其中男性80.84岁、女性85.66岁。2022年度市政府为民办实事卫生健康方面项目提前完成，新建医疗急救分站6个；示范性社区康复中心建成45家，超额完成；全面提升社区中医药服务能级，超额完成50家中医药特色示范社区卫生服务站（村卫生室）建设。

同时，上海推进与“一带一路”国家在传统中医药、疾病预防控制、卫生应急等领域的交流合作。拓展与国际友好城市交流合作，卫生健康合作内容被纳入2022年上海市与新西兰达尼丁市、挪威奥斯陆市、特立尼达和多巴哥西班牙港市签订的合作协议，进一步加强了卫生健康国际间的交流合作。

二、科技

位于浦东的张江高科技园区是国家级高科技园区，已构筑起三大国家级基地，重点发展以集成电路、软件、生物医药为主导的高新技术产业。中国科学院上海药物研究所始建于1932年，是中国历史最悠久的综合性药物研究所，承担着包括“863”计划项目等在内的80多个项目的科研攻关任务。

近年来，上海不断壮大科技力量。截至2022年底，上海累计牵头承担国家科技重大专项项目929个，获中央财政资金预算支持333.04亿元；累计牵头承担国家重点研发计划项目1127个，获中央财政资金预算支持16.13亿元；累计牵头承担“科技创新2030-重大项目”37个，获中央财政资金预算支持7.86亿元。启动2022年度中央引导地方科技发展资金专项项目。2022年，上海国际科技创新中心的全球影响力持续攀升，跻身全球主要创新型城市行列。在世界知识产权组织最新发布的《全球创新指数报告》中，上海-苏州集群居世界科技创新集群第6位；在《自然》发布的《2022自然指数-科研城市》中，上海从2020年的全球第5位升至第3位，超过波士顿都市圈和旧金山湾区；在中国科学技术发展战略研究院发布的《中国区域科技创新评价报告2022》中，上海综合科技创新水平指数继续位列全国第一。

2023年，上海市新增科技“小巨人”企业和“小巨人”培育企业155家，累计超2800家。年内新认定高新技术企业8052家，有效期内高新技术企业数突破2.4万家。全年共落实研发费用加计扣除上年度减免税额823.22亿元，享受该政策的企业共4.15万家；落实高新技术企业减免所得税额248.68亿元，享受该政策的企业共3007家；新认定技术先进型服务企业42家，有效期内243家。落实技术先进型企业减免所得税额13.17亿元，享受该政策的企业共146家。全年共认定高新技术成果转化项目837项。其中，电子信息、生物医药、新材料、先进制造与自动化等重点领域项目占82.2%。至年末，累计认定高新技术成果转化项目15929项。

2023年，上海市专利授权15.91万件。其中，发明专利授权4.43万件，比上年增长20.5%；实用新型专利授权9.54万件，下降19.5%；外观设计专利授权1.94万件，下降15.9%。全年PCT国际专利申请量6185件，比上年增长10.6%。至年末，有效专利达91.51万件。其中，有效发明专利24.14万件，比上年增长19.5%；有效实用新型专利55.67万件，增长12.8%；有效外观设计专利11.70万件，增长11.0%。每万人口高价值发明专利拥有量达50.2件，较上年增加9.3件。

2023年，上海市商标申请量36.95万件，比上年下降8.3%；商标注册量23.58万件，下降32.8%；商标活跃度（每新增1户经营主体同时新增注册商标）为0.44件。至年末，有效注册商标量达到261.35万件，比上年增长7.7%；商标集聚度（每万户经营主体的平均有效注册商标拥有量）为7647件。至年末，全市共有作为集体商标、证明商标注册的地理标志18件，地理标志产品8个。全年经认定登记的各类技术交易合同50824件，比上年增长32.8%；合同金额4850.21亿元，增长21.1%。

上海严格遵循科技创新规律和创新主体发展规律，优化各类科技计划布局方式、管理流程和支持模式，优化“揭榜挂帅”攻关机制，扩大“探索者计划”实施范围。健全科技伦理和科研诚信治理体系，建立市科技伦理和科研诚信建设协调机制，设立专家委员会。

三、文化

近年来，上海市的文化发展呈现出蓬勃的生机与活力，为城市注入了深厚的文化内涵和独特魅力。在文化品牌打造方面，上海市积极挖掘本土文化资源，打造了一批具有国际影响力的文化品牌。例如，上海国际电影节、上海国际艺术节等活动已经成为国内外文化交流的重要平台，吸引了众多国际知名艺术家和团体的参与。这些活动不仅提升了上海的文化形象，也丰富了市民的文化生活。在文化产业方面，上海市依托自身的科技、人才和资金优势，大力发展文化创意产业。数字文创、元宇宙等新领域成为文创产业创新发展的“核爆点”。同时，上海市还积极扶持中小文创企业和新型文创业态，鼓励企业加强技术创新和场景应用，推动文化产业的高质量发展。

此外，上海市还注重传统文化的传承与保护。通过修缮历史建筑、保护文化遗产等方式，上海市成功保留了城市的历史文脉。同时，上海市还积极开展非物质文化遗产的传承工作，让传统文化在现代社会中焕发出新的活力。

总的来说，上海市近年来的文化发展取得了显著成果，文化品牌、文化产业、传统文化保护等方面都取得了长足进步。2023年末，上海市共有市、区级公共图书馆20个，总流通1684万人次；文化馆19个；备案博物馆165个。共有星级宾馆154家，旅行社1942家，A级旅游景区144个，红色旅游基地34个。这些成果不仅提升了上海的文化软实力，也为市民带来了更加丰富多彩的文化体验。

四、体育

上海每年举办的常规赛事有F1（世界一级方程式锦标赛），ATP1000网球大师赛，国际田联钻石联赛，世界高尔夫锦标赛-汇丰冠军赛，斯诺克上海大师赛等。上海是首届东亚运动会的举办地。

上海是2008年北京奥运会协办城市之一，也是2007年中国女足世界杯决赛和第14届国际泳联世界锦标赛举办地。

2022年8月22日，上海市体育局发布《2021年上海市体育场地统计调查数据公告》。根据《全国体育场地统计调查制度》《上海市可利用体育场地统计调查制度》相关要求，以2021年12月31日为标准时点，开展体育场地统计调查，形成2021年上海市各类体育场地数据。

数据显示，全市有各类体育场地56188个，其中符合国家统计标准的体育场地51350个、可利用体育场地4838个。各类体育场地面积共60724198平方米，其中符合国家统计标准的体育场地面积56228908平方米、可利用体育场地面积4495290平方米。人均体育场地面积2.44平方米，其中人均符合国家标准的体育场地面积2.26平方米、人均可利用体育场地面积0.18平方米。4838个可利用场地中：健身广场4497个，场地面积3114646平方米；楼宇健身场地91个，场地面积24654平方米；大型竞赛活动场地50个，场地面积1355990平方米。

上海为了增强全民健身公共服务能力，2022年全年发放体育消费券2000万余元，支持700多家体育场馆优惠开放，领券市民超过200万人次。运动促进健康服务不断完善，承担全国第一批社区运动健康中心建设试点；开展社区体育服务配送7162场，线下服务市民11.28万人次，线上受益市民超过1932万人次。发布《2021年上海市全民健身发展报告》，全市经常参加体育锻炼人数比例达到49%。浦东新区、杨浦区入选全国首批12个全民运动健身模范市（区）。数字化赋能体育公共服务体系，完成全市117家公共体育场馆、800余家体育消费券定点场馆资源全面接入一网通办，初步实现区属公共体育场馆设施和街镇公共体育设施统一在线运营。

五、社保

近年来，上海把稳定和扩大就业作为重中之重，2022年全年新增就业岗位56.35万个，正规就业人数1082.25万人，恢复至历史高位。城镇调查失业率从最高的16.7%回落至12月的4.3%，低于全国平均水平。推动3.2万名离校未就业毕业生尽快实现就业，对困难家庭毕业生发放一次性求职创业补贴，帮助10167名长期失业青年实现就业创业。全年帮扶引领成功创业12963人，开展补贴性职业技能培训162.13万人次。2023年，据抽样调查，上海市居民人均可支配收入84834元，比上年增长6.6%。其中，城镇常住居民人均可支配收入89477元，增长6.5%；农村常住居民人均可支配收入42988元，增长8.2%。全市居民人均消费支出52508元，比上年增长14.0%。其中，城镇常住居民人均消费支出54919元，增长14.2%；农村常住居民人均消费支出30782元，增长12.2%。

2023年末，上海市共有1689.36万人（包括离退休人员）参加城镇职工基本养老保险，有71.76万人参加城乡居民基本养老保险。全市共有1623.23万人（包括离退休人员）参加职工基本医疗保险，有380.88万人参加城乡居民基本医疗保险。2023年末，上海市新增社区综合为老服务中心31家、老年助餐服务场所318个、养老床位5510张，改造老年认知障碍照护床位2598张。全市共有社区综合为老服务中心459家，老年助餐服务场所1926个。全市共有养老机构700家，床位16.69万张，其中，由社会投资开办的有328家，床位6.9万张。

2023年，上海市最低生活保障标准从每人每月1420元调整为每人每月1510元，同步调整特困人员供养标准等社会救助标准。全年各级政府支出最低生活保障资金24.92亿元、特困人员救助供养资金1.64亿元、支出型贫困生活救助资金0.04亿元、临时救助资金0.11亿元、粮油帮困资金0.81亿元。

稳步提高退休人员养老金、失业保险、一次性节日补助费等民生保障待遇标准。推进机关事业单位养老保险制度改革和企业年金扩覆，启动实施个人养老金制度。制发港澳台居民在上海参加城乡居民养老保险办法。开展新就业形态就业人员职业伤害保障试点。全面开展工伤预防，推进落实上海市工伤预防五年行动计划。聚焦风险防范，不断加大社会保险基金监管力度。

第四节 便利的交通运输

一、铁路

上海铁路枢纽是华东地区重要的路网性铁路枢纽，既是京沪通道、沪昆通道、沿江通道的起终点，也是我国远洋航运和沿海南北航线的衔接中心。自1876年我国第一条铁路——淞沪铁路建成以来，上海铁路系统不断完善，在增强辐射和服务全国功能、塑造区域对外经济廊道骨架、支撑城市对外交通联系和工业体系建设发展等方面均发挥了举足轻重的作用。

近年来，上海市积极进行铁路制度的优化，对上海市的经济发展也有很大的影响。2022年，中国铁路上海局集团有限公司（简称上海局集团公司）实施站区一体化管理，推出新票制产品、电子化补票、“一窗通办”、“一个好觉”等服务新举措。年内通过分类施策算账开车、优化交路、付费支出、客运服务、设备维修等，变动成本压减95亿元。完成旅客票价收入131.11元/人，担当列车客座率53.8%，始发列车客座率54%。完成旅客发送量3.46亿人，比2021年下降39.9%。图定开行旅客列车1286.5对（动车组列车1076.5对，普速列车210对），货物列车1321.5对。完成运输收入668.51亿元，比2021年减少238.64亿元，下降26.3%。其中客运收入471.84亿元，比2021年减少237.17亿元，下降33.5%；货运收入196.67亿元，比2021年减少

1.47亿元，下降0.7%。

二、水路

上海港是中国上海市港口，位于中国大陆海岸线中部、长江入海口处，前通中国南北沿海和世界大洋，后贯长江流域和江浙皖内河、太湖流域。上海港口经营业务主要包括装卸、仓储、物流、船舶拖带、引航、外轮代理、外轮理货、海铁联运、中转服务以及水路客运等。上海港口主要经营的货类为集装箱、煤炭、金属矿石、石油及其制品、钢材、矿建材料、机械设备等。

隋代初年，华亭设镇，上海地区最早的内河港口市镇形成。道光二十二年（1842年），《中英南京条约》签订，上海被定为5个通商口岸之一。1996年1月，上海启动建设国际航运中心。2005年12月10日，上海港洋山深水港区一期工程建成投产，洋山保税港区同时启用。

截至2005年，上海港水域面积3620.2平方千米。其中长江口水域3580平方千米，黄浦江水域33平方千米，港区陆域7.2平方千米。海港港区陆域由长江口南岸港区、杭州湾北岸港区、黄浦江港区、洋山深水港区组成。截至2021年，上海港已经与全球221个国家和地区的500多个港口建立了集装箱货物贸易往来，拥有国际航线80多条。2016年，上海港完成货物吞吐量7.02亿吨，完成集装箱吞吐量3713万标准箱。2018年，上海港港口货物吞吐量世界排名第二。2020年，上海港集装箱吞吐量达到4350万标准箱。到2024年1月，根据上港集团发布的最新统计数据，2023年上海港集装箱吞吐量突破4900万标准箱（TEU），连续14年位居世界第一。

2004年，上海港全年新开国际集装箱班轮航线33条，其中欧洲、北美、中东、澳洲等远洋班轮航线21条，通达世界12大航区，与近200多个国家和地区的500余个港口建立了业务往来。2024年5月9日，伴随着悠长的鸣笛声，“润发平安”轮缓缓驶离南京港江北集装箱码头204泊位，驶向上海洋山港码头，标志着南京港至上海港外贸内支线直航首航开通。

三、航空

上海市拥有上海虹桥国际机场和上海浦东国际机场2座国际机场。上海空港是东方航空、中国国际货运航空、中国货运航空和中国最大的两家民营航空春秋和吉祥的主要基地。上海虹桥国际机场位于上海市西郊，距市中心仅13千米，多年来，虹桥机场一直是上海空港的代名词。上海浦东国际机场是中国（包括港、澳、台）三大国际机场之一，与北京首都国际机场、香港国际机场并称中国三大国际航空港。上海浦东国际机场位于上海浦东长江入海口南岸的滨海地带，距市中心约30千米。距上海虹桥国际机场约52千米。上海浦东国际机场的航班量占到整个上海机场的六成左右，国际旅客吞吐量居于国内机场首位，货邮吞吐量居于世界机场第3位。通航浦东机场的中外航空公司已达48家，航线覆盖90余个国际（地区）城市、62个国内城市。

2023年，上海浦东、虹桥两大国际机场全年共起降航班70.07万架次，同比增长1.1倍；实现进出港旅客9696.91万人次，同比增长2.4倍。其中，境内航线进出港旅客7844.28万人次，增长1.8倍；境外（含国际及港、澳、台）航线进出港旅客1852.63万人次，增长12.8倍。实现货邮吞吐量380.33万吨，同比增长15.2%。其中，浦东机场完成344.01万吨，增长10.4%。

四、公路

上海的公共汽车线路有1000多条，营运车辆1.8万多辆，日均客运量约780万人次，承担着65%的市域公共客运量，上海是世界上线路最多的城市之一。上海有出租汽车企业270余家，从业人员近11.5万人，出租汽车近43000辆，旅游包车和租赁车等7000多辆。为更好地满足残障人士出租汽车出行需求，上海通过招投标方式推出了

200辆以无障碍服务为主的多功能出租汽车，2014年10月11日，首批50辆无障碍出租车正式上路运营，200辆无障碍多功能出租车选用英伦TX4车型。

2014年10月25日，虹口足球场（花园路）公交枢纽正式投入运营，成为集地铁站、轻轨站、公交车起始点站、出租车站于一体的大型公共交通换乘枢纽，机场四线成为第一条入驻该枢纽的公交运营线路。这个公交枢纽位于凯德龙之梦虹口购物中心商场1层，公交车乘客可通过电梯转乘轨交3号线及8号线。在虹口足球场站换乘的乘客通过商场就能实现“全室内”换乘。

2022年，上海公路旅客发送量2859.95万人次，比上年下降49.5%。至年底，全市道路旅客行业共有企业134家，其中兼营省际班线和旅游、包车业务的企业29家，从事省际包车业务的企业105家。客运站22座。营运车辆9307辆，其中省际班线车667辆，省际包车8640辆。上海企业经营的省际班线1323条。公路货运量44846.31万吨，比上年下降15.2%；公路集装箱运输量2200.90万标准箱，比上年下降7.2%。至2022年底，全市有经营道路货物运输的企业2.1万家，营运车辆25.81万辆，车辆总吨位367.82万吨。从事集装箱运输的企业3974家，集装箱运输车辆5.94万辆。

五、公共交通

（一）轨道交通

截至2022年10月，上海市已拥有包括地铁、轻轨、磁悬浮等轨道交通线路共19条，运营里程共860千米（含磁浮线29千米），运营里程居全球第一位，已形成初步的网络格局。

上海地铁于20世纪90年代初正式营运，是中国大陆地区继北京地铁、天津地铁建成通车后建造的第三个城市轨道交通系统。截至2022年10月，上海地铁共有车站508座，里程831千米。运营规模居世界第一。2017年，上海地铁日均客运量969.3万人次，总客运量达到35.38亿人次，是世界上地铁最繁忙的城市之一。地铁线路将中心城区密集覆盖，并连接了大多数区县。

上海市还建有磁悬浮项目——上海磁浮列车示范运营线，全长30.5千米，连接地铁龙阳路站和上海浦东国际机场，这也是世界上第一条投入商业运作的磁悬浮铁路。上海浦东机场和虹桥枢纽之间的磁悬浮专线正在逐步推进中，尚在技术方案制定的阶段。

此外，用于连接郊区金山区和上海南站的市郊通勤铁路——金山铁路于2012年9月28日建成通车，这是中国大陆地区首条利用铁路网开行通勤列车的线路。

上海市的轨道交通还有有轨电车的形式，共建有数条有轨电车线路，包括张江有轨电车、松江有轨电车。

上海地铁11号线花桥段于2013年10月16日上午9:30起开站试运营，实现了上海市和江苏昆山的区域一体化。

上海地铁15号线桂林路站于2021年6月27日首班车起开通初期运营，772千米的上海轨道交通运营网络中（含磁浮），车站数增至460座，换乘站增至65座。

2021年12月30日，上海地铁14号线、上海地铁18号线一期北段正式开通，上海地铁总里程达到831千米。

（二）公交

上海公交首条线路开通于1908年3月5日，光绪三十四年（1908年）二月初三；上海首条有轨电车线路开始营运，线路总长6.04千米，从静安寺到外洋泾桥上海总会（即上海外滩，今华尔道夫酒店）。该线路的开通标志着上海近代公共交通的诞生。

截至2021年末，上海地面公交运营车辆达1.76万辆，公交运营线路达1596条，线网长度9243千米。全年公共交通客运总量51.06亿人次，日均1398.79万人次，比2020年增长20.6%。其中，轨道交通客运量35.72亿人次，增长26.1%；公共汽电车客运量14.95亿人次，增长9.5%；轮渡客运量3889.49万人次，增长3.1%。再到2023年6月底，上海已投运具备无障碍功能的低地板公交车7000多辆，覆盖公交线路127条。2023年新增500辆具备无障碍功能的低地板公交车被纳入“上海市为民办实事项目”及“市委民心工程项目”。

（三）出租汽车

上海市有5万辆出租车，以桑塔纳为主，大众（湖蓝色车身）、强生（黄色车身）、锦江（白色车身）、巴士（绿色车身）、农工商（蓝色车身）是最大的几家出租车公司。起步价10元（3千米），超3千米后每千米计价2元，超10千米每千米计价3元，夜间（23:00至次日5:00）起步价13元，超3千米后每千米计价2.6元，超10千米每千米计价3.9元，夜间可砍价、可结伙打车。往返于浦东浦西的大桥、隧道不收费，全市除外环线以外的沪宁、沪杭、沪嘉三条高速公路收费，征收路桥费的地方只有两处：一是从虹桥机场经延安高架路或从浦东机场经迎宾大道，进市区单向收费15元。二是从市区往宝山的四座蕴藻浜大桥单向收费12元。

第五节　灿烂的历史文化

一、建筑

上海，这座东方之珠，其建筑历史与特点可谓丰富多彩，独具魅力。作为中国近代化进程中最早开放的通商口岸之一，上海的建筑风格深受中西方文化交融的影响，形成了独特的历史风貌。

上海的建筑历史可以追溯到19世纪中叶。随着西方列强的入侵和通商口岸的开放，上海逐渐成为中西方文化交流的重要场所。这一时期，上海出现了许多西式建筑，如领事馆、教堂、洋行等。这些建筑大多采用西方古典主义或折中主义风格，以其宏伟的气势和精美的装饰，展现了西方建筑的魅力。

随着时代的发展，上海的建筑风格逐渐多样化。20世纪初，上海开始兴起一批具有民族特色的建筑，如中式园林、庙宇等。这些建筑在保留中国传统建筑元素的同时，也融入了西方建筑的某些特点，形成了中西合璧的独特风格。此外，上海还涌现出了一批现代主义建筑，如摩天大楼、商业街区等，这些建筑以其简洁明快的线条和现代化的设计理念，成为上海城市风貌的重要组成部分。

上海传统建筑具有两面性：一方面，上海在历史上一直是江南的一部分，其传统建筑体现着江南传统建筑的特征；另一方面，“襟江带海”的地理格局，使上海的航运商贸快速发展，连通四面八方的便利给上海带来了外来文明，其建造技术、风格元素等方面的变化也显而易见。独特的发展历程，催生了具有地域文化烙印的营造技术，可将其归纳为“小而美”“巧而精”“素而朴”“糅而谐”四大特征。

与江南地区的其他都会城市（如苏州、杭州、扬州等）相比，古代上海地区的传统建筑在规模、形制、装饰上都要略逊一筹，较少出现大型的厅堂、宫观，许多宅院、寺庙、园林往往并不宏大，透着一种“小而美”的智慧。究其原因，一方面可能是地理的“边缘性”“偏僻性”使然，另一方面也源于强调“隐逸”、不事张扬的独特地域文化。颐园占地仅数亩，园内空间布局疏密有致，收放自如，山、池、桥、楼、阁、斋、舫、榭、廊、古树、翠竹等要素齐具，虽由人作，宛自天开，呈园林之意趣美。

上海传统建筑中有一些结构与造型结合完美的例子，体现出极高的营造技艺。如泗泾马家厅，楼下正厅室内不见平顶楼板，只见屋架坡顶，后楼为上下双草架结构，南北有两列翻轩，南面叠斗加双胫翻轩，北面轩较窄且无胫，这种做法可以使有限的底层高度显得更高一些。楼上南侧做成双胫翻轩，顶部是草架顶，仪门为木架结构，突出于南面廊，顶部有木斗拱承托门楼檐盖。

有时，精巧的木构与内部空间及整体造型完美匹配。如真如寺大殿内四根金柱与一圈檐柱，一起支撑起屋面结构吊顶下的明栿构架与吊顶上的草栿构架，使得大殿前面的礼佛空间装饰精美大气，四根金柱之间的空间尺度近人，金柱与一圈檐柱之间的回闭礼佛空间气氛适宜。

大殿为单檐歇山顶，歇山收山较小，屋顶较为陡峭，因斗拱在外檐仅出一挑，导致出檐尺度不大。大殿翼角角梁做嫩戗发戗，角梁端部翘起，使得屋面檐口形成缓缓升起的柔美曲线，四个翼角舒缓展开，呈现出结构之美。

上海传统建筑在用材、装饰细节和空间塑造上崇尚素朴，常有不事雕琢而居自然之美。其内院空间相对较小，没有假山水池、穿廊小径，只有水井、小型绿植，简单朴素，但空间经济合理，功能适宜。一些民居厅堂，虽用料不惜代价，却素面朝天，少有彩绘、雕饰。如松江兰瑞堂，面阔5间，进深9间，部分柱及梁枋采用楠木，堪称大宅，但其梁枋全为素面，素雅简洁，风格独特。

上海传统建筑中，一些中西合璧的清真寺、天主堂内充满了糅合、交汇的建筑语言，不少领风气之先的传统民居也大胆吸收新式装饰、做法，许多公共建筑如学校、会馆公所等更喜将建筑符号、细部兼容并蓄。

位于浦东陆家嘴的颖川小筑（陈桂春宅）建于1914—1917年，布局上仍然属于传统的院落式住宅，风格上则是中西合璧。陈桂春是会德丰驳船行的买办，原籍河南，因而取名“颖川”。四进三院布局，占地约3.5亩（“亩”为非法定计量单位，1亩≈666.67平方米，全书同），建筑均为二层，原有建筑面积2423.25平方米，现存1786平方米。

砖木结构，小青瓦屋面，有大小房间共70间，其中58间位于中轴线上。原房主陈桂春靠为外商驳运货物而发迹，其背景虽与早期买办不尽相同，但住宅中也反映出中西文化的双重影响。整座住宅是四进三院的典型传统大宅（现只保留中央部分），轴线对称，层层深入，秩序分明。第三进是正房，五开间，带有近似方形的院子，两侧为三开间的厢房，从正对院子的立面看是典型的中式四合院建筑，但正房两端被厢房挡住的两个开间则完全是西式风格。

同样，厢房正中开间为中式，两端开间为西式，带有西式的天花、铺地和百叶门。建筑正面外观是五开间硬山式，小青瓦屋面，完全为中国传统风格，但各进两侧封火山墙却是地道的西式做法。这座建筑将中西建筑风格集于一体，又布置得极具特色，显示出亦中亦西的指导思想。

二、戏曲

上海戏曲，作为中国戏曲的重要组成部分，历史悠久且丰富多彩。素有中国戏曲的“半壁江山”之称，其剧种之多、剧团之多、名家之多、演出市场之活跃，使之始终保持着菊坛领先者的地位。

上海戏曲的渊源可追溯至古代浦江两岸的田头山歌和民间俚曲，这些原生性的艺术形式在流传过程中逐渐受到弹词及其他民间说唱的影响，演变成说唱形式的滩簧。清代道光年间，滩簧进一步发展为二人自奏自唱的“对子戏”和三人以上演员装扮人物、另设专人伴奏的“同场戏”。此后，随着艺人流入上海并在茶楼坐唱，本滩簧逐渐发展成为申曲，并最终定名为沪剧。

沪剧作为上海地方戏曲剧种，其音乐委婉柔和，曲调优美动听，易于塑造现代典型环境中的典型人物，具有浓郁的时代气息和真情实感的艺术美。沪剧的表演形式既擅于叙事，也长于抒情，其特点在于其丰富多彩的曲调以及独特的风格。这些特点使得沪剧在表现现代生活方面尤为出色，成为上海文化名片之一。

除了沪剧，上海还孕育了众多其他戏曲剧种，如京剧、越剧、淮剧、评剧、昆曲等。这些剧种在上海这片戏曲繁荣兴盛的沃土上得到了良好的成长和传承。新中国成立以后，上海的戏曲活动更是起到了引领全国戏曲界的积极作用。

在戏曲人才方面，上海戏曲界涌现出了一批批杰出的艺术家和表演者。如沪剧界的邵滨孙、丁是娥、杨飞飞等，他们通过精湛的演技和深厚的艺术造诣，为沪剧的发展作出了巨大贡献。此外，越剧、京剧等其他剧种也拥有众多优秀的演员和表演团队，他们的精彩演出为上海戏曲市场注入了新的活力。

在戏曲传承与创新方面，上海戏曲界积极探索与时俱进的发展路径。一方面，通过挖掘和整理传统剧目，传承和弘扬经典艺术；另一方面，结合现代审美需求，创作和改编新剧目，使戏曲艺术更加贴近时代、贴近生活。此外，上海戏曲还积极开展跨界合作与交流活动，与其他艺术形式相互借鉴、融合创新，为戏曲艺术的发展注入了新的动力。

总的来说，上海戏曲以其独特的历史底蕴、丰富的艺术形式和杰出的艺术家群体而著称于世。在未来，随着社会的不断发展和文化交流的日益频繁，上海戏曲将继续保持其独特的魅力和影响力，为传承和弘扬中华优秀传统文化作出更大的贡献。

三、戏剧影视

上海戏剧影视，作为中国文化艺术的璀璨明珠，一直以来都以其独特的魅力和深厚的底蕴吸引着无数观众和学者。这座城市不仅是中国电影的发源地，更是戏曲艺术的重要传承地，其戏剧影视的发展历史与特点可谓丰富多彩。

首先，上海戏剧影视的历史源远流长。早在20世纪初，上海就已经成为中国电影的发祥地。当时的上海电影人积极探索和实践，为后来的中国电影发展奠定了坚实的基础。与此同时，上海也是戏曲艺术的聚集地，京剧、昆曲、越剧等各种戏曲形式在这里相互交融、发展创新。这种独特的文化氛围为上海戏剧影视的繁荣提供了有力的支撑。

其次，上海戏剧影视在创作上注重创新与传承的结合。一方面，上海戏剧影视不断推陈出新，涌现出大量优秀的原创作品。这些作品在保持传统文化精髓的同时，注入了现代审美元素，使传统戏曲与现代影视艺术得以完美融合。另一方面，上海戏剧影视也注重对传统经典作品的改编和演绎，通过对经典作品的再创作，使这些传统艺术形式得以在新的时代背景下焕发出新的光彩。

再次，上海戏剧影视在人才培养方面也取得了显著成就。上海戏剧学院、上海电影艺术学院等高等学府为戏剧影视行业输送了大量优秀人才。这些人才不仅具备扎实的专业知识和技能，还具备创新思维和国际化视野，为上海戏剧影视的发展注入了新的活力。

同时，上海戏剧影视的市场化运作也值得称道。通过引入市场化机制，上海戏剧影视产业得到了快速发展。一方面，各种类型的戏剧影视作品层出不穷，满足了不同观众的审美需求；另一方面，通过举办各类戏剧影视节、展览等活动，也有效地推广了上海戏剧影视的文化品牌。

最后，上海戏剧影视还积极与国际接轨，参与国际交流与合作。通过参加国际电影节、戏剧节等活动，上海戏剧影视不仅展示了自身的实力与魅力，还与国际同行进行了深入的交流和合作，进一步提升了其国际影响力。

四、宗教

上海市作为我国的经济、金融、贸易和航运中心，其宗教发展也呈现出独特而多元的面貌。

上海市的宗教文化具有深厚的历史底蕴和兼容并蓄的品性。佛教、道教、伊斯兰教、天主教和基督教五大宗教在上海均有信众群体，形成了独具特色的宗教文化格局。这些宗教在社会公益、文化交流等方面发挥了积极作用。

在宗教活动场所方面，上海市拥有众多经登记开放的宗教活动场所，这些场所不仅是信众进行宗教活动的重要场所，也是展示宗教文化、推动宗教交流的重要平台。同时，上海市还注重宗教活动场所的规范化管理，确保宗教活动安全、有序地运行。

在宗教教职人员方面，上海市拥有一批高素质的宗教教职人员队伍。他们不仅具备深厚的宗教知识和实践经验，还积极参与社会公益活动，为推动上海市宗教事业的发展作出了重要贡献。

此外，上海市在推进宗教中国化方面也取得了显著成效。通过举办一系列理论研讨、打造示范性基地等方式，上海市不断深化对宗教教义教规的中国化阐释，推动宗教与社会主义社会相适应。这不仅有助于提升上海市宗教界的整体形象，也为全国宗教工作提供了有益的经验和借鉴。同时，上海市还注重宗教界与社会各界的交流与合作。通过参与社会公益事业、开展文化交流活动等方式，上海市宗教界积极融入社会大局，为构建和谐社会作出了积极贡献。

五、方言

上海话是一种吴语方言，属于吴语太湖片苏沪嘉小片。一般是指上海市区话，也就是被广泛使用和认同的上海主流通用方言。松江本地话是上海话的基础。上海话是上海开埠以后吴语区各地移民口音在松江话基础上自然融合而成的新型城市吴语，成为吴语区的代表和共通语言。语音受移民中占优势的宁波和苏州两地影响巨大。吴语上海话是上海文化及气质的载体，是海派文化的重要根基。上海话也与老洋房、弄堂、石库门、旗袍等一样，成为上海风情的代表性符号。

广义的上海话还包括上海郊区各大方言，上海郊区各乡镇属于典型的江南文化。上海旧属松江府，上海本地话包括松江话、嘉定话、浦东话、崇明话、金山话、青浦话、奉贤话等各区县方言。上海话是在上海悠久历史中形成的方言，有深厚文化积淀，语音、词语和语法现象反映江东文化信息。

上海话融合了北部吴语的主流特征，是吴语太湖片的强势方言，上海话曾经在20世纪80年代前成为吴越地区通用语。21世纪以来，由于普通话的推广，上海话在吴语区的影响力有所降低。上海少年一代对上海话的掌握能力开始下降，社会上也出现了一些保护上海话的行动。上海话的使用和发展一直是上海社会讨论的话题。

第六节　繁荣的教育事业

一、上海市学前教育发展情况概述

《上海市全面建设高质量幼儿园蓝皮书（2023年）》显示，上海学前教育发展态势良好，学前教育与托育服务高质量发展全面助力提升上海儿童早期发展水平。全市开设托班的幼儿园共有1227所，开设托班的幼儿园占比已达到75%。

2016—2022年的相关监测数据显示，上海市3岁儿童接受学前教育后，发展符合正常轨迹的比例逐年提升，由小班入园时的84.3%提升至大班毕业时的91.7%；通过家园合作联动，儿童早期发展和心理健康水平持续提升；不同家庭教育水平的儿童，经过学前教育后，早期发展水平差异正在逐步缩小。

同时，上海持续开展的科学育儿指导服务显著推进了家庭育儿能力，儿童肥胖发生率、儿童屏幕暴露时间等均显著下降；儿童亲子活动频率显著增加，相较于2016年，2022年每周超过3次亲子运动和亲子阅读的家庭在人群中的占比分别提升了14.7%和13.4%。

二、上海市义务教育发展情况概述

（一）在校学生情况

近年来，上海义务教育阶段的教育体系持续发展，普及率高，教育资源丰富，教育质量在全国范围内享有盛誉。上海的小学教育呈现出蓬勃发展的态势。上海市共有小学数百所，服务于庞大的适龄儿童群体。

上海共有小学生约53.50万人，这体现了上海作为一线城市对基础教育的高度重视。从历年数据来看，2015—2019年间，上海市小学在校学生数量保持在76万—80万人，尽管期间有所波动，但总体上维持在一个稳定的高水平，显示出义务教育阶段入学率的稳定性和教育普及工作的成效。

初中教育方面，上海市同样保持着高水准的发展。初中阶段的在校学生数量与小学阶段相衔接，体现出良好的教育连续性。上海在初中教育阶段注重质量与公平，确保所有学生都能接受到高质量的基础教育服务，为高中教育乃至高等教育打下坚实的基础。

在特殊教育领域，上海市也给予了高度关注，特殊教育群体的需求得到响应和满足，体现了教育的全面性和包容性。上海市致力于构建一个没有教育死角的环境，确保每个孩子都能接受合适的教育。

而且，上海市教育部门对于招生信息保持公开透明，会对一些义务教育阶段学校的基本情况进行公示，充分体现了教育管理的规范性和公众参与度。区教育局会依据上级部门的指导，通过多种渠道公布招生政策、学校信息、师资力量等，保障家长和学生的知情权，同时也设立咨询、监督渠道，便于社会各界的监督和反馈。

（二）师资基本情况

上海市义务教育阶段的师资队伍一直是中国教育领域的亮点，其师资配置均衡、素质高、专业化程度强，体现了上海作为国际化大都市在教育领域的领先地位。

上海市政府及教育部门高度重视师资队伍建设，特别是在新时代背景下，随着教育改革的深入，师资培养与引进策略不断优化。自20世纪90年代起，上海市就开始系统性地提升师资水平，特别是在上海中学等知名学府，师资队伍建设紧跟时代发展要求，与学校的办学定位和目标紧密相连。通过持续的在职培训、国内外交流、学术研究等多元化途径，不断提升教师的专业技能和理论素养。上海市初中、小学教师中本科及以上学历者的比例长期位居全国前列，这得益于当地丰富的高等教育资源和对基础教育师资的高标准要求。这些高学历教师不仅具备扎实的专业知识，还往往具有更广阔的国际视野和先进的教育理念，能够更好地引领学生全面发展。

2023学年，全市共有中小学、幼儿园、特殊教育学校及专门学校3297所，其中，幼儿园1692所，比上年减少16所；小学664所，比上年减少7所；普通中学900所，比上年增加12所；特殊教育学校31所；专门学校10所。共有在校学生220.25万人，其中，幼儿园在校生48.41万人，比上年减少9.3%；小学在校生93.71万人，比上年增加2.2%；普通初中在校生56.72万人，比上年增加8.2%；普通高中在校生20.79万人，比上年增加7.8%；特殊教育在校生0.55万人；专门学校在校生0.07万人。共计招生60.68万人，其中，幼儿园招生15.77万人，比上年减少5.6%；小学招生20.11万人，比上年增加8.5%；初中招生17.14万人，比上年增加14.3%；普通高中招生7.56万人，比上年增加3.8%；特殊教育招生0.08万人；专门学校招生0.02万人。共计毕业54.94万人，其中，幼儿园离园19.96万人，比上年增加7.3%；小学毕业17.47万人，比上年增加12.9%；初中毕业11.50万人，比上年增加5.6%；普通高中毕业生5.91万人，比上年增加10.5%；特殊教育毕业生0.08万人；专门学校离校0.02万人。

在心理健康教育师资建设上，上海市更是先行一步。自1998年起，上海市教委便开始实施中小学心理健康教育规划，强调心理健康教育的全面渗透，包括开设心理健康教育活动课程、提供心理咨询与辅导等。这一系列措施有效提升了教师识别和应对学生心理问题的能力，为学生的健康成长提供了重要保障。

（三）硬件设施情况

上海市作为中国的经济、文化中心，其义务教育硬件设施的发展一直是国内教育现代化进程中的典范。近年来，上海市政府和教育部门积极响应国家教育发展战略，不断加大对义务教育阶段学校硬件设施的投入和优化，旨在为学生提供一个安全、舒适、现代化的学习环境，推动教育公平与质量的双重提升。

上海市义务教育学校校舍建设遵循高标准、前瞻性原则，许多学校已完成了新校舍的建设和旧校舍的改造升级。这些工程不仅注重建筑的安全性和实用性，更融入了绿色节能的设计理念，如使用环保材料、设置太阳能光伏板等，体现了可持续发展的教育理念。校舍内部空间设计科学合理，教室宽敞明亮，图书馆、实验室、多功能厅等专用教室一应俱全，满足不同教学需求。各学校普遍拥有标准足球场、篮球场、羽毛球场等室外运动场所，部分学校还配备有游泳池和室内体育馆，确保学生有足够的空间进行体育锻炼。2023年，上海市教育委员会推动教育数字化转型，提出“四梁八柱”战略，旨在通过搭建数字平台、升级教育网络、推广智慧课堂等措施，全面提升教育信息化水平。学校普遍配备了多媒体教学设备，如交互式电子白板、投影仪、电脑等，支持在线学习资源的接入，实现了教学内容的多样化呈现和个性化学习的可能。此外，不少学校还引入了人工智能、大数据等先进技术，为教学管理和学习效果评估提供精准支持。同时，上海市义务教育学校纷纷建立或升级了科学实验室、创新工作室、机器人实验室等，鼓励学生动手实践，培养创新思维和解决问题的能力。这些设施通常配备有先进的实验仪器和编程工具，为学生开展项目式学习、参加各类科技竞赛提供了有力支持。

（四）教育经费情况

上海市作为中国经济发展的重要引擎和国际大都市，在义务教育经费保障方面一直处于全国前列，其投入规模、分配机制和管理效率都体现了对基础教育的高度重视和长远规划。

上海市义务教育经费投入连年增长，确保了教育事业的健康发展。以近年来的数据为例，政府持续加大教育投入，特别是在2022年，上海的教育经费在全国城市中独占鳌头，显示出市政府对教育事业的坚定承诺。教育经费的增长不仅体现在总量上，也体现在生均经费的逐年提升上。例如，2011年时，上海市已经上调了义务教育公办学校生均公用经费标准，小学从每生每年1400元调整为1600元，初中从每生每年1600元调整为1800元。此后的年份里，随着经济社会的发展和教育需求的变化，这一标准仍在不断调整和优化，以适应新的教育成本和质量提升需求。

上海市义务教育经费的来源渠道多样，主要包括国家财政拨款、地方教育费附加、社会捐赠等多种形式。其中，国家财政拨款是最主要的经费来源，体现了政府对教育公共责任的承担。地方教育费附加则是通过税收等方式筹集，用以补充教育经费，确保教育事业的持续发展。此外，上海市政府还积极鼓励社会各界对教育的支持，通过社会捐赠等形式拓宽经费来源，形成政府主导、社会参与的多元化投入机制。

三、上海市高等教育发展情况概述

上海市高等教育是中国高等教育体系中一颗璀璨的明珠，以其悠久的历史、丰富的资源、卓越的质量和国际化的视野而著称。作为中国的经济、金融、贸易和航运中心，上海的高等教育体系与其城市地位相匹配，不仅拥有众多历史悠久、享誉国内外的顶尖学府，还持续推动教育创新与改革，致力于培养具有全球竞争力的高素质人才。

上海高等教育的最大特色之一是其高校集群的优势。复旦大学、上海交通大学两所“双一流”大学是上海乃至中国高等教育的旗舰，不仅在科研成果、学术影响力方面领跑，而且在国际化教育、学科交叉融合上不断创新。除此之外，同济大学、华东师范大学、上海财经大学等高校在各自领域内也享有极高声誉，形成了涵盖理、工、文、管、法、教育、艺术等多学科的综合教育体系。这些高校在工程技术、生命科学、社会科学、商科等领域拥有显著学科优势，吸引了大量国内外优秀学生和学者。

上海许多高校与海外顶尖学府建立了广泛的合作伙伴关系，开展学生交换、联合培养、科学研究等合作项目。同时，上海高校积极引进海外高水平师资，推动课程国际化，提供全英文授课的学位项目，吸引外国留学生，营造多元文化的学术氛围。这种开放态度和国际合作的深度参与，使得上海成为亚洲乃至全球高等教育交流的重要节点。

四、上海市职业教育发展情况概述

（一）办学规模

上海市拥有包括上海市大众工业学校、上海民航职业技术学院、上海健康护理职业学院、上海震旦职业学院、上海市城市科技学校、上海工商外国语职业学院等在内的多所职业院校，这些学校覆盖了从工业制造、航空航天、医疗卫生、现代服务业到语言文化等多个行业领域，满足了社会对不同职业技能人才的需求。

许多职业学校配备了现代化的实训中心，如上海市大众工业学校的数控实训中心和机电实训中心，均为开放式实训中心，拥有大量的数控机床、加工中心及各类机床，为学生提供了贴近实际工作环境的实习实训条件，有利于提升学生的实践操作能力和就业竞争力。上海健康护理职业学院（暂名）的规划办学规模约为5000人，以五年一贯制高职教育为主，表明上海在健康护理领域对专业人才的大量需求及教育供给的响应。其他职业院校虽然具体招生规模未一一列出，但通常依据市场需求和专业特色设定合理的招生计划，整体上呈现出较大的学生容纳能力。

上海的职业教育不仅注重国内教育质量的提升，还积极开展国际交流合作，如推动与中国企业和产品“走出去”相配套的职业教育发展模式，形成在国际上有影响力的上海职业教育品牌院校，这表明上海职业教育在培养具有国际视野的技术技能人才方面走在前列。同时紧跟时代发展，上海的职业教育注重教育信息化建设，利用数字平台、智慧课堂等现代教育技术手段，提高教学效率和质量，同时，鼓励创新教育模式，如项目式学习、校企合作等，以培养学生的创新精神和实践能力。

（二）办学资源

上海拥有一大批高质量的职业技术院校，如上海交通大学职业学院、上海电子信息职业技术学院、上海健康医学院等，这些院校覆盖了从工程、信息技术、医疗健康、财经商贸到文化艺术等众多专业领域，满足了社会对多样化技能人才的需求。学校类型多样，既有国家示范性高等职业院校，也有专注于特定行业技能培养的专科学院，为学生提供了广阔的选择空间。

上海市的职业教育机构普遍重视实践教学，建立了大量与产业紧密联系的实训基地。这些基地装备有先进的教学设施和实验设备，如上海电子信息职业技术学院的电气自动化技术实训室、机械电子技术实训中心等，不仅能够模拟真实工作环境，还常常与知名企业合作，让学生在校期间就能接触到行业前沿技术。此外，上海还拥有市级示范性专业教学资源库，如网络营销与直播电商、智能安防技术等，这些资源库通过虚拟仿真实训等方式，进一步提升了教学资源的现代化水平。

上海职业教育注重教师队伍的建设和专业能力的提升，多所院校被选为"双师型"教师培训基地，如上海工程技术大学、上海健康医学院等，这表明上海在推动教师既具备扎实理论知识，又拥有丰富实践经验方面走在前列。通过深化校企合作，组建高水平培训团队，上海职业教育不断提升教师队伍的整体素质，确保教学质量。

上海职业教育积极拓展国际合作，与海外教育机构和企业合作，引入国际先进教育理念和课程体系，提升教育的国际化水平。一些院校提供全英文授课项目，吸引国际学生，同时鼓励本土学生参与国际交流，拓宽国际视野。这种开放合作模式不仅促进了学术交流，也增强了学生在全球就业市场的竞争力。

上海市政府对职业教育给予了强有力的支持，从政策制定到财政投入，均体现了对职业教育发展的重视。政府通过提高生均经费、设立专项发展基金、优化教育布局结构等措施，确保职业教育的可持续发展。上海市教育委员会还推动了多项改革措施，如提升职业教育吸引力、加强实训资源建设与共享、优化师资培训体系等，为职业教育提供了良好的政策环境和资金保障。

上海职业教育体系中，校企合作是其一大亮点。通过与行业领军企业的深度合作，院校能够及时掌握市场动态和行业需求，调整教学内容和实训项目，实现教育与产业的无缝对接。这种模式不仅有助于学生实践技能的培养，还促进了学生就业，为企业输送了大量高素质技能人才。

第七节　快速发展的经济

上海市作为中国的经济中心，其经济发展一直保持着强劲的势头，GDP长期位居全国各大城市之首，显示出其在国内经济中的领头羊地位。

全市三次产业

（一）经济规模

从表2-1可知，上海市的经济规模总体上是逐步扩大的，上海市的生产总值从2015年的26887.02亿元，上升至2022年的44652.80亿元，增加了17765.78亿元，增速达到了66%。按照国家统计局的分类，第一产业是指农、林、牧、渔业（不含农、林、牧、渔服务业）。第二产业是指采矿业（不含开采辅助活动）、制造业（不含金属制品、机械和设备修理业）、电力、热力、燃气、水生产、供应业，以及建筑业。第三产业即服务业，是指除第一产业、第二产业以外的其他行业。在上海市的统计数据中，第一产业的发展不太理想，总体上呈现下降的趋势，从2015年的125.53亿元下降至2022年的96.95亿元。上海市第二产业与第一产业的发展相比有所上升，从2015年的8408.65亿元上升至2022年的11458.43亿元，但是增幅并不大，仅仅为36%，相比于上海市生产总值的增幅，第二产业的发展并不快。相比其他两个产业，第三产业的发展很好，从2015年的18352.84亿元增长至2022年的33097.42亿元，增长了14744.58亿元，增幅高达80%。产业分类数据统计与上海市的整体发展相契合，上海市近年来农、林、牧、渔业发展势头不高，其他产业的发展迅速。

表2–1 产业规模

单位：亿元

	2015年	2016年	2017年	2018年	2019年	2020年	2021年	2022年
地区生产总值	26887.02	29887.02	32925.01	36011.82	37987.55	38963.30	43653.17	44652.80
第一产业	125.53	114.34	110.78	104.78	107.06	107.68	96.09	96.95
第二产业	8408.65	8570.24	9525.89	10360.78	10193.60	10258.57	11366.69	11458.43
第三产业	18352.84	21202.44	23288.34	25546.26	27686.89	28597.05	32190.39	33097.42

资料来源：根据《上海市历年统计年鉴》整理、计算得到。

（二）结构

从表2–2可知，在三次产业中，第一产业占比非常低，在2015年至2022年共8年时间，始终没突破0.5%，从2015年的0.47%下降到2022年的0.22%；第二产业占比稳步下降，由2015年的31.27%下降到2022年的25.66%，下降了5.61个百分点；而相比于第一、第二产业，第三产业占比非常高，在2015年至2022年8年间，占比始终在60%以上，由2015年的68.26%逐渐上升到2022年的74.12%，上升了5.86个百分点。

表2–2 三次产业占比

单位：%

	2015年	2016年	2017年	2018年	2019年	2020年	2021年	2022年
第一产业	0.47	0.38	0.34	0.29	0.28	0.28	0.22	0.22
第二产业	31.27	28.68	28.93	28.77	26.83	26.33	26.04	25.66
第三产业	68.26	70.94	70.73	70.94	72.89	73.39	73.74	74.12

资料来源：根据《上海市历年统计年鉴》整理、计算得到。

（三）三次产业贡献率

从表2–3可知，第一产业对经济增长的贡献率总体上呈现由负转正的趋势。2021年受到大环境的影响，第一产业对经济增长的贡献暂时为负值，但是之后又变为正值，甚至2022年的贡献大于2020年的贡献。第二产业对经济增长的贡献有所波动，最高为2017年的31.46%，最低为2015年的–13.89%，而且第二产业的贡献的变化幅度非常之大，有骤然增长或者骤然下降的现象，变化最大的是由2018年的27.05%下降到2019年的–8.46%，下降了35.51%。第三产业对经济增长的贡献占绝对地位，2015年甚至达到114.29%，此后几年在下降中有所波动，但贡献最少的一年是在2017年，贡献率为68.66%。

表2–3　三次产业贡献率

单位：%

	2015年	2016年	2017年	2018年	2019年	2020年	2021年	2022年
第一产业	–0.40	–0.37	–0.12	–0.19	0.12	0.06	–0.25	0.09
第二产业	–13.89	5.39	31.46	27.05	–8.46	6.66	23.63	9.18
第三产业	114.29	94.99	68.66	73.15	108.35	93.28	76.62	90.74

资料来源：根据《上海市历年统计年鉴》整理、计算得到。

第三章

天津基本情况概述

第一节 追踪天津

天津市，简称“津”，别称津沽、津门直沽寨、海津镇和天津卫，是中华人民共和国的直辖市，位于中国北部，华北平原东北部，东临渤海，北依燕山，西靠首都北京。天津是一个历史悠久的城市，自古因漕运而兴起，明永乐二年（1404年）正式筑城，是中国古代唯一有确切建城时间记录的城市。天津拥有丰富的历史文化遗产和独特的城市风貌，是中西合璧、古今兼容的代表性城市之一。截至2022年，天津市下辖16个区，总面积11966.45平方千米，截至2022年末，常住人口1363万人，城镇化率为85.11%。

一、历史沿革

天津的历史悠久，可以追溯到商周时期，随着隋朝大运河的开通，天津的地位日渐重要。

唐朝中叶以后，天津成为南方粮、绸北运的水陆码头。金代在南北运河与海河交汇的三岔河口一带设直沽寨，为天津最早的建置。元朝设“海津镇”，是军事重镇和漕粮转运中心。明永乐二年正式筑城。雍正三年（1725年）三月七日，升天津卫为天津州，属河间府。

1860年，天津被辟为通商口岸后，西方列强纷纷在天津设立租界，天津成为中国北方开放的前沿和近代中国洋务运动的基地。1949年新中国成立后，天津作为直辖市，经济建设和社会事业全面发展，进一步巩固了其作为中国重要的综合性工业基地和商贸中心的地位。改革开放以来，天津作为沿海港口城市的优势不断增强，随着滨海新区被列入国家总体发展战略布局，天津又迎来了重大的历史性发展机遇。

天津不仅是中国的历史文化名城，也是中国北方最大的港口城市和重要的经济、文化中心。它的历史沿革丰富，从古至今经历了多次重要的变革和发展。以下是天津历史发展的几个重要阶段。

古代时期。天津的古代历史可以追溯到商周时期，随着大运河的开通和南北航运的日渐发达，天津逐渐成为一个重要的水陆码头和军事重镇。

近代时期。19世纪末至20世纪初，天津成为中国近代化的重要基地之一，西方列强在天津设立租界，在一定程度上促进了天津的现代化进程。

现代时期。自改革开放以来，天津作为沿海开放城市，经济和社会发展取得了显著成就，成为中国北方的重要经济中心和现代化大都市。

二、行政区划

天津，位于北纬38° 34′ 至40° 15′，东经116° 43′ 至118° 04′ 的中国华北地区，东临渤海，是海河五大支流的汇合处和入海口。地理位置的特殊性决定了天津不仅是中国北方最大的港口城市，也是首批沿海开放城市之一，这一地理位置赋予了天津独特的地理和气候特征，也使其成为一个重要的交通和贸易枢纽。

天津市现辖16个区，共有124个街道、1918个社区、125个镇、3个乡和3520个村。市辖区包括滨海新区、和平区、河东区、河西区、南开区、河北区、红桥区、东丽区、西青区、津南区、北辰区、武清区、宝坻区、静海区、宁河区、蓟州区，总面积为11966.45平方千米。

表3-1　天津市行政区划（2022年）

单位：个

地区	街道办事处	居民委员会	镇政府	乡政府	村民委员会
全市总计	**124**	**1918**	**125**	**3**	**3520**
和平区	6	64			

续表

地区	街道办事处	居民委员会	镇政府	乡政府	村民委员会
河东区	13	168			
河西区	14	149			
南开区	12	171			
河北区	10	118			
红桥区	9	114			
东丽区	11	103			
西青区	5	138	7		133
津南区	3	121	8		151
北辰区	8	158	9		121
武清区	6	113	24		622
宝坻区	6	64	18		751
滨海新区	16	333	5		139
宁河区	2	40	13		270
静海区	2	31	16	2	384
蓟州区	1	33	25	1	949

资料来源：天津市民政局。

第二节　丰富的自然资源

天津自然资源丰富，发现矿产35种，开采的资源有石油、天然气、地热、水泥石灰岩和紫砂陶土等。天津土地类型多样，面积广阔。天津海岸线位于渤海西部海域，南起歧口，北至涧河口，长达153千米，有滩涂资源、海洋生物资源、海水资源、海洋油气资源。此外，天津也是旅游城市，旅游资源丰富，景观多样。

一、矿产资源

天津市已探明的矿产资源主要有金属矿、非金属矿和燃料矿20多种。金属矿和非金属矿主要分布在蓟县北部山区，燃料矿主要埋藏在天津平原地下的渤海大陆架。金属矿主要有锰硼石、锰、金、钨、钼、铜、铝、锌、铁等，其中锰、硼不仅为国内首次发现，也为世界所罕见；非金属矿主要有水泥石灰岩、重晶石、迭层石、大理石、天然油石、紫砂陶土、麦饭石等。燃料矿产主要有石油、天然气和煤成气等。其中优势资源为石油、天然气、地热、水泥灰岩、紫砂陶土。

石油、天然气。天津平原及渤海海域蕴藏着丰富的石油和天然气资源。已探明的石油地质储量40亿吨，油田面积100多平方千米；天然气（含伴生气）地质储量1500多亿立方米。煤田面积80多平方千米。

地热。天津地区地热资源属于非火山沉积盆地中、低温热水型地热。地热资源丰富，主要分布在宝坻断层以南约9638平方千米的范围内。根据地质构造和地势场分析，分为新生界热储层和基岩热储层两大类。依据在温梯度3.5℃/100米的等值线为底界在天津地区划分出10个地热异常区，探明面积2434平方千米，水温在30℃~90℃。已探明的中低温地热资源总量及开发利用程度居全国前列。

水泥灰岩。水泥灰岩是天津市非金属矿产中的优势矿种，已探明工业储量的矿产地有5个，矿体赋存于中元古界蓟县系铁岭组石灰岩层中，含氧化钙48%~50.7%。已探明工业储量的5个矿产地是东营房、转山、铁岭、老虎顶和渔山，探明储量1.8亿吨。

紫砂陶土。天津市蓟县紫砂陶土矿赋存于中上元古界两个层位，即串岭沟组和洪水庄组的伊利石页岩。其中，串岭沟组伊利石页岩分布在下营镇，全长12千米，宽2千米，出露面积24平方千米，露天储量7亿吨。两个层位的伊利石页岩是一个大型黏土矿床，是紫砂陶器的优质矿物原料。

二、土地资源

天津全市土地总面积11916.9平方千米。其中，农用地面积7097.7平方千米（耕地面积4407.5平方千米），占全市土地面积的59.56%；建设用地面积3946.1平方千米，占全市土地面积的33.11%；未利用地873.1平方千米，占7.33%。全市的土地，除北部蓟县的山地、丘陵外，其余地区都是在深厚沉积物上发育的土壤，在海河下游的滨海地区，有待开发的荒地、滩涂1214平方千米，可作为建设和生态用地。

三、海洋资源

天津海岸线位于渤海西部海域，南起歧口，北至涧河口，长达153千米。所辖海域面积约3000平方千米。天津海洋资源可分为海洋自然资源和海洋空间资源两大类。海洋自然资源包括滩涂、海洋生物、海水、海洋油气及海洋能等；海洋空间资源包括海洋水运资源，海港、海岸带及滨海旅游资源等。

滩涂资源。天津滩涂十分发育，宽度在3000~7300米之间，海拔高度0~3.5米，坡降0.4%~1.4%。滩涂面积约370平方千米，大部分尚未充分开发利用。

海洋生物资源。在渤海湾西部海域水中、海底及潮间浅滩生活着较为丰富的海洋生物。按其生活方式和生活区域可分为浮游生物、游泳生物（鱼类）、底栖生物和潮间带生物四大类。据调查，渤海湾西部浮游生物162种，其中浮游植物98种，主要种类是硅藻、甲藻和绿藻，多分布在近岸；浮游动物64种，包括浮游幼虫类、蛲虫类、箭虫类和其他浮游动物。渤海湾西部水域有鱼类56种，分别隶属13目，主要种类有鲫鱼、黄鲫、山黄鱼、白姑鱼、银鱼等。底栖动物181种，隶属11个门类。最重要的优势种为角板虫、绒毛细足、日本棘刺蛇尾等，作为经济种的有对虾和三疣梭子蟹。另外，天津沿海潮间带生物95种，其中软体动物27种、多毛类25种、甲壳类23种、鱼类13种、腔肠动物3种、棘皮动物2种、腕足动物和纽虫动物各1种。

海水资源。天津海域海水成盐质量高，氯化钠含量95%~96%。天津自古以来就是著名盐产地，长芦盐场是目前中国最大的盐场。天津原盐85%是工业用盐，是盐化工的主要原料。海水资源除用于发展制盐业，还可以直接用作工业冷却水及海水淡化等。

海洋油气资源。渤海油气区油气资源非常丰富，是中国海上石油勘探与开发最早的海域。目前，已发现45个含油构造。

四、旅游资源

天津是首批中国优秀旅游城市。旅游资源丰富，景观种类齐全。既有清幽的盘山，又有神秘和野趣的八仙山，还有记载古老地质历史的巨厚的中上元古界地层，以及海退后在滨海平原留下的贝壳堤和湿地景观。天津作为历史文化名城，还具有丰富多彩、独具特色的人文景观。1860年天津开埠后，英、法、美、德、日、俄、意、比、奥9国在天津设立租界，随后，一些官僚、军阀、买办在租界内设公馆、别墅，陆续建成各种结构和形式的大楼和花园洋房800多幢。中国近现代史上有许多重大的历史事件与天津有着密切的关系，一些近现代的革命人物也在天津留有革命业绩。天津早年因漕运兴旺而发祥，各方商贾云集，逐渐形成天津独特的地方民俗文化景观。天津有A级景区65个，国家工农业旅游示范点14个，全国红色旅游经典景区5个。天津传统的风味食品多种多样，“津门三绝”（狗不理包子、十八街麻花、耳朵眼炸糕）深受国内外宾客喜爱。

第三节　发达的社会事业

一、科技

天津综合科技水平居全国第三位。化学、化工、精密仪器、干细胞、膜材料与分离技术等一批学科和技术领域保持全国领先水平，在基因组学、蛋白组学、纳米材料和干细胞等国际前沿领域取得一大批具有国际重大影响的研究成果。全市15项科技成果获得国家科学技术奖。完成市级科技成果2610项，其中，基础理论成果191项，应用技术成果2387项，软科学成果32项。签订技术合同12590项，合同成交额539.18亿元。天津国家自主创新示范区发展规划纲要出台，“一区二十一园”建设稳步推进，在滨海新区设立“双创特区”，全市众创空间达到106个。全社会研发经费支出占生产总值的3.0%。科技型中小企业7.33万家。国家数字出版基地云计算中心投入运营。全市有国家重点实验室12个，国家部委级重点实验室49个，国家级工程（技术）研究中心36个，国家级企业技术中心45个。全市有国家级高新技术企业2309家，市级高新技术企业860家。全年受理专利申请8万件，其中发明专利2.85万件，分别增长26.1%和21.9%；专利授权3.73万件，其中发明专利4624件，分别增长41.7%和41.0%；年末有效专利10.38万件，其中发明专利1.85万件，分别增长24.1%和25.5%。引进国家“千人计划”人才113人，国家优秀创新群体和团队达到42个，在津两院院士37人，国家“973计划”项目首席科学家37名。高级以上技术工人36.7万人。

二、教育

天津的教育事业稳步发展。2022年获批基础教育综合改革国家实验区。认定新增普惠性民办幼儿园94所。新增义务教育学位4.5万个。高校“双一流”建设持续推进，新增87个国家级一流本科专业建设点和136个市级一流本科专业建设点，入选国家级现代产业学院、特色化示范性软件学院各1个。2022年末，全市共有研究生培养机构24所，普通高校56所，中等职业教育学校58所，普通中学542所，小学884所。全年研究生招生3.16万人，在校生9.28万人，毕业生2.40万人。普通高校招生17.07万人，在校生59.45万人，毕业生15.60万人。中等职业教育（不含技工学校）招生2.74万人，在校生8.29万人，毕业生2.49万人。普通中学招生19.28万人，在校生57.11万人，毕业生16.46万人。小学招生12.43万人，在校生77.09万人，毕业生11.89万人。幼儿园2257所，在园幼儿31.95万人。

人才引育步伐加快。举办第三届天津市“海河英才”创新创业大赛，深入实施人才引领战略，全年引进人才10.6万人，全市拥有高技能人才84万人。新建博士后科研工作站34个，新进站博士后632人，分别比上年增长25.9%和5.3%。全市具备科学素质的公民比例为18.68%。

创新平台和创新主体活力增强。成功举办第六届世界智能大会。新建脑机交互与人机共融海河实验室，6家海河实验室开展重大课题130余项。新认定8家市级大学科技园。有效期内国家级专精特新“小巨人”企业累计192家，市级“专精特新”中小企业累计961家；国家级企业技术中心77家，市级企业技术中心680家；国家级制造业单项冠军28家。国家科技型中小企业、市级雏鹰企业、市级瞪羚企业分别达到10719家、5620家、447家。全年签订技术合同12514项，比上年增长0.4%；合同成交额1676.53亿元，增长26.8%；技术交易额793.16亿元，增长27.9%。

创新成果不断涌现。神工脑机交互系统面世，“天津号”纯太阳能车迭代升级，康希诺全球首款吸入式新冠疫苗获批使用。全年市级科技成果登记数1703项，其中，属于国际领先水平129项，达到国际先进水平264项。全年专利授权7.15万件，其中发明专利1.17万件，比上年增长59.2%。PCT专利申请受理量577件，增长29.9%。年末有效发明专利5.12万件，增长17.9%。

三、文化

天津文化事业繁荣兴盛。活跃百姓精神文化生活，2022年举办“第七届市民文化艺术节”，围绕喜迎党的二十大主题主线推出群众文化品牌活动48项，组织“千村百站”优秀社团群众文化节目展演。成功联合举办“第十三届中国艺术节”，现代评剧《革命家庭》和小品《疫“懂”的心》分获文华奖和群星奖。天津博物馆珍品文物数字展厅建设取得阶段性成果，平津战役纪念馆《红色医药文化遗存展》入选国家文物局发布的100个核心价值观主题推介展览名单。截至2022年末，全市共有艺术表演团体258个，文化馆17个，博物馆72个，公共图书馆20个，街、乡镇综合文化站257个。全市电影放映单位119个，放映场次82.26万场，观影人数729.21万人次，实现票房收入3.1亿元。

特色旅游品牌塑造持续推进。加快打造杨柳青大运河国家文化公园和大运河海河文化旅游带，推出10条大运河特色相关主题旅游精品线路。开展天津文庙、独流木桥等大运河沿线文物保护修缮工程，开展黄崖关长城保护工程。实施“邂逅·天津”创意城市发展计划，持续打造“I·游天津”旅游活动品牌。全年共接待国内游客1.12亿人次，国内旅游收入773.06亿元。

四、卫生

人民健康是社会文明进步的基础，是民族昌盛和国家富强的重要标志。习近平总书记明确指出，要把保障人民健康放在优先发展的战略位置。天津市高度重视并抓好医疗卫生健康工作，大力推进公共卫生和医疗卫生建设。统筹城乡医疗卫生资源均衡布局，新建改扩建一批市级和区县级医院。医疗卫生资源配置更加合理，截至2022年末，全市共有各类卫生机构6282个，其中医院435个。卫生机构床位6.85万张，其中医院6.22万张。卫生技术人员12.44万人，其中执业（助理）医师5.25万人，注册护士4.83万人。医疗卫生机构诊疗人数10049万人次，其中医院诊疗人数6044.2万人次。深化医疗卫生体制改革，完善基本药物制，公办基层医疗机构实行基本药物零差率销售。城乡居民免费享受18项基本公共卫生服务。基层医疗服务能力、疾病预防控制能力、卫生应急处置能力进一步增强。

五、人民生活

天津坚持以人为本，着力改善民计民生，连续实施20项民心工程，涉及生活、就业、就医、收入等各个方面。城镇化水平不断提升。2022年末，全市常住人口总量1363万人，其中城镇常住人口1160万人，乡村常住人口203万人。城镇化率为85.11%，比上年末提高0.23个百分点。就业保持稳定。开展春风行动、春暖农民工专项行动，做好离校未就业高校毕业生“一对一”就业帮扶等公共就业服务活动，全力稳定高校毕业生、农民工、就业困难人员等重点群体就业。全年新增就业36.05万人。居民收入稳步增加。2022年全年全市居民人均可支配收入48975元，比上年增长3.2%。其中，工资净收入31026元，增长4.2%；经营净收入3106元，下降4.2%；财产净收入4287元，下降6.3%；转移净收入10556元，增长7.1%。按常住地分，城镇居民人均可支配收入53003元，增长2.9%；农村居民人均可支配收入29018元，增长3.8%，快于城镇居民增速0.9个百分点。城乡居民收入之比为1.83，连续4年缩小。

同时，天津市社会保障持续强化。2022年末全市参加职工基本医疗保险人数642.60万人，参加城乡居民基本医疗保险人数533.80万人；参加城镇职工基本养老保险人数800.06万人，参加城乡居民基本养老保险人数171.56万人；参加工伤保险人数410.53万人；参加失业保险人数392.20万人；参加职工生育保险人数365.23万人。社会救助体系更加完善。2022年末，全市老人家食堂达到1723个，养老机构436家，分别比上年末增长1.3%和10.1%。老年日间照料服务中心（站）1305个，床位数1.31万张。提供住宿的社会服务机构拥有床位5.82万张。全市低保对象12.35万人，特困供养人员1.19万人，各类福利机构年末收养人员2.4万人。完成残疾人家庭无障碍改造6361户，首次开展残疾人大学生创新创业竞赛活动，举办残疾人专场招聘会22场，就业援助"暖心活动"专场招聘会210场，全年新增残疾人就业5607人。全年社会救助总支出22.85亿元。全年医疗救助总人数15.10万人，医疗救助支出3.00亿元。中心城区集中供热超过97.0%。

第四节　便利的交通运输

一、铁路

天津不仅处于京沪铁路、津山铁路两大传统铁路干线的交会处，还是京沪高速铁路、京津城际铁路、津秦客运专线、津保客运专线等高速铁路的交会处，是北京通往东北和上海方向的重要铁路枢纽。天津市将根据城郊铁路的新规划，建设一个由7条主线和2条联络线组成的网络，覆盖总长681千米，涵盖天津滨海新城及主城区等地。

天津铁路有津滨线、津静线、津武线、津蓟线、津宁线、津山线、津港线7条走廊线和宁武联络线、双湖联络线2条联络线，共9条铁路干线。

天津主要有6个火车站，分别是天津站、天津南站、天津西站、天津北站、滨海站、滨海西站。天津站位于天津市河北区与河东区交界的海河北岸，是一座特等站，属于中国铁路北京局集团有限公司管辖。天津西站是另一个重要的火车站，距市中心约10千米，主要功能是连接内蒙古、甘肃以及陕西等区域的火车。天津南站位于市中心南部，是较新的火车站之一，提供不少著名旅游景点的直达线路。天津北站位于天津唐山高速公路北口，是服务廊坊等区域的主要火车站之一。滨海西站位于滨海新区，提供方便连接天津百事可乐旅游的直达线路。天津市拥有多个火车站以满足旅客出行的需要，这些车站的布局使得旅客可以更加快捷、方便地出行，也为城市交通的发展提供了必要的配套设施。

二、水路

天津有8个海运港口。这些港口包括北疆港区、东疆港区、南疆港区、大沽口港区、高沙岭港区、大港港区、北塘港区和海河港区，它们共同构成了天津港的“一港八区”格局。这些港区的设置不仅体现了天津港的规模和复杂性，也展示了其在国内外贸易中的重要地位。天津港位于中国天津市滨海新区，地处渤海湾西端，背靠雄安新区，辐射东北、华北、西北等内陆腹地，连接东北亚与中西亚，是京津冀的海上门户，同时也是中蒙俄经济走廊东部起点、新亚欧大陆桥重要节点、21世纪海上丝绸之路战略支点。天津港的开通和发展，对促进区域经济一体化、加强国际交流与合作具有重要意义。

天津共有13座码头，这些码头分布在海河沿线，包括大运河段3座和海河段10座。大运河段码头：桃花堤码头、天石舫码头、大悲院码头。海河段码头：意风区码头、津湾码头、利顺德码头、金茂府码头（正在规划建设中）、直沽码头（正在规划建设中）、凯德MALL码头、柳林码头、国家会展中心码头（正在规划建设中）、古文化街码头、棉三码头（正在规划建设中）。这些码头的建设旨在提升天津的旅游体验，其中8座为新建码头，5座进行提升改造。新建、改建的码头中，有智能化灯光改造计划，旨在打造“一码头一景点一网红”的设计理念，通过灯光照明、景观、灯光秀的综合运用，在海河两岸增添亮点。此外，新购置的25条游船及功能船将改变海河游船的游览方式，新增餐饮船、婚庆船、研学旅游船、商务接待船等，以满足不同游客的需求。

三、航空

天津有天津滨海国际机场、天津塘沽机场、天津滨海东方直升机场和武清杨村机场等。

天津滨海国际机场位于天津市东丽区，距天津市中心13千米，距天津港30千米，距北京134千米，南至津北公路，西至东外环路东500米，北至津汉公路及京津高速公路，东至京津塘高速公路，是国内干线机场、国际定期航班机场、国家一类航空口岸，中国主要的航空货运中心之一。根据国家发展改革委联合中国民用航空局关于印发《推进京津冀民航协同发展实施意见》的通知，天津机场定位为区域航空枢纽，天津建成中国国际航空物流中心。

滨海国际机场代理国内外客货运包机业务，提供一条龙服务，为各航空公司提供地面代理业务。机场基地航空公司有中国国际航空公司天津分公司、天津航空有限责任公司、奥凯航空有限公司、厦门航空有限公司、银河国际货运有限公司。2010年6月1日，天津航空获批扩大经营范围，将经营国内干线航空及国际航空市场。

天津塘沽机场位于滨海新区，是国家农业部5个农牧航空定点站之一，也是中国华北地区第一个主要用于农化作业的机场。

天津滨海东方直升机场位于滨海新区。

武清杨村机场为军用机场。

四、公路

天津公路网是以国道和部分市级干线为骨架，以放射状公路为主的网络系统，以外环线沟通各条放射公路的联系。通过天津的国道主干线有4条：京津塘高速公路、京福一级汽车专用公路、拉丹高速公路和拉丹高速公路津唐支线；国道5条：京哈、京塘、津同、津榆公路和山广公路。市级干线有：津围、津北、津沽、津岐、津汉、津静、金钟、津霸、津永、津杨、津涞、津港等公路。

五、公共交通

（一）轨道交通

截至2023年12月，天津轨道交通运营线路共有9条，包括地铁1、2、3、4、5、6、9（津滨轻轨）、10及11号线，通车里程约310千米，运营车站数192座，换乘车站24座。

（二）公交

天津公交，主要指服务于中国天津市的城市道路公共交通，首条线路开通于1906年。2020年，天津市内地面公交日均客运量168万人次，公共汽车客运量6.13亿人次。截至2022年末，天津公交运营线路1002条，线网长度27140千米，营运公交车1.24万辆。开通2条快速公交线路、5条中新生态城公交线路、2条旅游公交专线、2条远郊夜市服务专线、2条机场专线。

天津公交市区线路票价实行政府定价，采取单一票制，空调车票价为每人次2元，全程超过12公里的非空调车票价为每人次1.5元，全程不超过12公里的非空调车和校车票价为每人次1元。天津公交市郊线路票价实行政府定价，采取分段计价，空调车12公里（含）内票价2元，12公里以上部分，每增加1元可乘坐7公里，不足7公里部分按1元收取。非空调车12公里（含）内票价1.5元，12公里以上部分，基本运价按每人每公里0.1元计算，实行1元进级制，尾数不足1元的四舍五入。天津公交专线票价实行政府指导价，采取单一票制，基准运价为每人每公里0.18元，上浮幅度为30%，下浮不限，公交运营企业可根据车辆类型、运营里程和基准运价确定具体票价。途经高速公路的线路票价，可加收通行费。天津滨海新区公交线路首末站和行经线路在滨海新区的公交线路票价实行政府定价，采取计次单一票制，客票价格为每人次2元。

（三）出租汽车

天津市出租汽车总量为17766辆，其中A牌照和B牌照的出租车数量分别为11067辆和6699辆。起步价：原有1元燃油附加费并入起步价，排气量1.6升及以下车型，由3公里9元调至11元；排气量1.6升以上车型，由2公里9元调至3公里13元。车公里运价：超过3公里部分，排气量1.6升及以下车型，每公里2.2元；排气量1.6升以上车型，每公里2.5元。低速等候费：各类车型运行时速低于12公里时，每3分钟加收1车公里运价。空驶费：将现行单程载客超过10公里部分、车公里运价加收50%，调为10公里至15公里部分、车公里运价加收30%；15公里至30公里部分、车公里运价加收50%；30公里以上部分、车公里运价加收70%。夜间附加费：夜间23:00（含）至次日5:00（不含），起步价和车公里运价均加收30%，乘客单趟次包含日间运价和夜间运价，该趟次价格分两段计费。

天津出租车在服务水平和配备设施方面已经不断提升，车内设施逐渐更加友好和便利。同时，城市交通拥堵也是出租车行业面临的挑战之一。为了改善乘客的出行体验，天津出租车加强了车辆管理和服务品质建设，并积极推进出租车在线预约叫车服务，提高了乘客的满意度和安全感。

第五节　灿烂的历史文化

一、建筑

俗话说“九河下梢天津卫”，天津建卫600多年来，留下了中式的、西式的、官方的、民间的各式建筑遗产，它们仿佛是天津城市历史无言的见证，记录着这座城市的兴衰荣辱，也串联起了中国的古代史和近代史，直至当代。

在古代，以海河和运河为依托的漕运、贸易滋养了天津城的繁荣，至今位于三岔河口以南的老城厢和北侧的估衣街、大胡同等商贸中心还在向世人展示着这座城市的古老韵味。位于老城厢东侧的天后宫，作为北方少有的供奉妈祖的庙宇，彰显了天津城“五方杂处”的文化底蕴。

“水文化”带来了商业的繁荣发展，商业的发展催生了“市井文化”。传统会馆、戏台建筑以及近代租界中留存的大批剧院、商业、旅馆建筑都是天津过去繁华的商业市井文化的见证。代表性的有融合南北地域建筑特色的广东会馆、“梨栈”商业中心（今劝业场）、中街上的利顺德饭店等。

“市井文化”的发展，极大地增加了天津的城市魅力，加上靠近政治中心北京，近代众多的政界、商界、文化名人来天津建宅寓居，已经成为一种文化现象，形成了天津特有的“洋楼文化”。天津的近代居住建筑数量众多、风格多样，按照居住形态可大致分为独立住宅、里弄与联排住宅、公寓住宅三类，“小洋楼”多为独立住宅，也常称为“花园洋房”。五大道地区就以街区完整、保存数量众多的小洋楼著名。如溥仪在日租界的住宅——静园，外观具有优雅的地中海风格，室内却使用了传统建筑中的青砖做下碱、地面铺方砖，相当古朴。

天津的当代建筑就是继承了天津传统建筑灵活性、创造性和包容性的传统，形成了“五方杂处、中西合璧”的“河”“海”文化特色，秉承着对中国传统文化的发扬传承和对西方文化的开放接纳，建筑师们追随着近代建筑大师的脚步，不断创作出了许多新时代的精品。

二、戏曲

天津是全国公认的“曲艺之乡”，是北方曲艺名家的荟萃之地，北方曲艺的大本营，也有人说，全国曲艺看天津。究其原因，天津曲艺的特殊地位是在历史中形成的。曲艺在天津的历史，可上溯到清初。随着漕运业和长芦盐业的兴旺，天津成为重要的商贸港口城市。繁荣的经济，众多的人口，为曲艺提供了广阔的市场。乾隆至咸丰半个多世纪的时间，天津的曲艺形式如雨后春笋般不断涌现，有莲花落、拾不闲、九连环、荡子曲、十番清音、大鼓书、数来宝、弦子书、马头调、时调小曲、子弟书、相声、双簧等，天津的曲艺活动是非常活跃的。

（一）相声

天津是培养相声名家的摇篮。最早的相声演出在清末。20世纪20年代，天津相声进入繁荣发展阶段，津京两地相声演员频繁往来，许多相声演员在天津演红后，又赴全国各地。光绪初年，北京艺人玉二福来津长期演出。清末民初，在北京扬名的相声演员有“八德”：裕德龙、马德禄、李德锡、焦德海、刘德志、张德泉、周德山、李德祥。他们都曾来津演出。天津的著名相声演员有李德锡（艺名万人迷，有“滑稽大王”之称）、张寿臣（有“幽默大师”之称）、马三立、侯宝林、常宝堃（艺名小蘑菇）、郭荣起、常宝霆、苏文茂、刘文享、高英培、马志明、李伯祥、魏文亮等。相声传统曲目有300余段。

（二）评书

评书只说不唱，表演者一人，以醒木作道具，渲染气氛。评书艺术以结构严谨取胜，一部长篇包括几个“柁子”（段落），一个柁子可分为几个“梁子”（故事），一个梁子又分为若干“和子”（悬念）。天津评书艺人有王致久、张杰鑫、常杰森、陈士和、姜存瑞等。

（三）天津快板

天津快板起源于20世纪50年代，是由群众自发创造并发展起来的。这种快板完全以天津方言来表演，在形式上采用了数来宝的数唱方式及快板书所用的节子板，同时配以天津时调中“数子”的曲调，用三弦伴奏，别具一格。天津快板风格粗犷、爽朗、明快、幽默，有着浓厚的生活气息和地方风味。著名的天津快板演员有:李润杰、张志宽等。

（四）京剧

京剧是在清朝道光年间传入天津的，同治年间，天津京剧开始兴盛。天津作为中国北方戏剧艺术的发祥地之一，素有戏曲“南北交汇的大码头”之称。在梨园界曾经有一个约定俗成的说法，就是“北京学艺，天津唱红，上海赚钱”。所以当时凡是京剧界的名家，几乎没有没到过天津一展风采的，像刘赶三、孙菊仙、章云、厉慧良、张春华，这正说明天津在京剧发展史上的特殊地位。1956年，天津京剧团正式成立，除市京剧团，还有建华、建新、荣新、塘沽等京剧团体。著名演员有杨荣环、赵松樵等。20世纪六七十年代，除市京剧团外，其他京剧团体一律解散。天津京剧团演出的剧目只有“八个样板戏”。直至20世纪80年代，天津京剧才再获新生。始建于1936年的天津中国大戏院是中国戏剧舞台史上一个重要的演出场所，“四大须生”“四大名旦”“四小名旦”以及各著名行当流派创始人都曾在这里登台演出过。广东会馆（现改为天津戏剧博物馆）是天津现今保存最完整的清代会馆建筑，里面保存有中国目前规模最大的古典式戏楼。梅兰芳、杨小楼、孙仙等人都曾在此登台献艺。这里还保存着许多京剧名家的道具和戏装、文物等。著名的天津京剧演员有：杨宝森、李荣威、厉慧良、丁至云、张世麟、林玉梅等。

京剧产业属于文化产业。文化产业产生于经济全球化的大时代背景下，同时具备文化属性与产业属性，依靠文化与创新存在。在互联网科技与新媒体技术的快速发展下，文化产业形成独树一帜、特色鲜明的商业模式，凭借其独特价值取向和传播方式，为社会经济发展作出了巨大贡献。

三、戏剧影视

天津的影视产业涵盖了电视剧和电影的制作、播出以及相关产业的发展。

电视剧方面。天津电视台影视频道是一个以电视剧为主的专业频道，全天24小时播出电视剧，该频道实现了高标清同播，是天津地区唯一大容量、高频率、高品质播出电视剧的专业频道。此外，天津还拍摄了多部备受关注的电视剧，如《梅兰芳》《归来》《白银帝国》《建国大业》《风声》等。

电影方面。天津的电影作品包括《没事儿偷着乐》《别拿自己不当干部》《生活有点甜》《精豆子外传》等，这些影片展现了天津的风景、文化和当地人的生活态度。

动画制作方面。天津有多家动画制作公司，如专注于3DCG制作开发的天津天匠动画科技有限公司。

影视文化方面。天津网络广播电视台有限公司和华夏紫光（天津）影视文化有限公司等机构也为影视产业的发展作出了贡献。

此外，天津的影视作品还多次获得国内外奖项，如《辛亥革命》在央视一套黄金时段热播，获得社会各界好评。总的来说，天津的影视产业在电视剧制作、电影拍摄、动画制作和文化产业发展等方面都取得了显著成就。

四、宗教

中国宗教文化作为文化的一部分，具有潜移默化地影响人精神的作用，指导人的社会生活。天津是一个多民族散居、杂居的沿海城市。根据天津市第七次全国人口普查统计，全市有少数民族常住人口44.35万人，占全市总人口3.2%；少数民族流动人口约17.12万人，占全市流动人口4.8%。万人以上的少数民族有回族、满族、蒙古族、朝鲜族、壮族、苗族、土家族。天津的宗教文化也较为丰富，包括佛教、道教、天主教、伊斯兰教、基督教等。

天津佛教历史文化悠久，隋唐时期即有佛教传入。近现代一些天津籍高僧，如弘一大师、倓虚大师等在全国声望较高、影响较大。天津大悲禅院还因供奉过唐代高僧玄奘法师顶骨舍利而闻名于世。天津市依法登记的道教场所只有一处——静海区药王庙。伊斯兰教在天津也有一定的信徒群体，南开区是回族聚居区，拥有天津东寺等清真寺。天主教在天津的影响力较大，有多处天主教教堂和活动场所，如老西开教堂和望海楼天主堂等。基督教在天津也有一定的信徒基础，天津市内有多个基督教堂和活动场所。此外，天津市还承认其他宗教信仰，如东正教等。这些宗教信仰在天津市内得到了广泛的尊重和保护，信徒可以在各自的宗教场所进行宗教活动。

第六节 繁荣的教育事业

一、天津市学前教育发展情况概述

根据天津市教育委员会统计，截至2022年，天津市共有幼儿园2257所。在园幼儿319526人，其中托班在园1251人，入园人数99992人，离园人数94330人。教职工52518人，其中专任教师26014人。2010—2022年，天津市幼儿园数量逐年增加，在园幼儿、教职工和专任教师人数同样有明显增长，天津市学前教育规模持续扩大。全市在保持幼儿园普惠率稳定和幼儿园公办比例、扩大社区办园点规模等方面成效显著。

二、天津市义务教育发展情况概述

（一）在校学生情况

截至2022年，全市共有884所小学，在校生77.09万人，毕业生人数11.89万人，与上年的11.2万人相比，毕业生总数稍有上升。

2022年，全市共有普通中学542所，其中初级中学281所，普通初中在校生361994人，普通初中招生121167人，普通初中毕业生106489人。

（二）师资基本情况

2022年，天津市小学教职工49193人，较上年增加0.3%，其中专任教师49450人。（资料来源：天津市教育委）

全市初中教职工人数26242人，较上年减少2.4%，其中专任教师30737人。

（三）教育经费情况

表3–2　历年教育经费

单位：亿元

	2017年	2018年	2019年	2020年	2021年	2022年
教育经费	434.59	448.19	467.63	442.91	479.25	478.94

2022年，天津市公共财政教育经费为478.94亿元，与全国其他各省市相比位列中等。与2017年相比，增加了10.2%。可见天津市政府大力发展教育，不断增加对教育投入的比重。

三、天津市高等教育发展情况概述

2022年，天津市研究生培养单位有24个，其中市属高校研究生培养单位18个，研究生培养科研单位6个。普通高等学校56所（含独立学院8所），其中市属高校53所。本科学校30所。高等职业学校（含专科学校）26所。成人高校13所。

在校研究生92805人，其中，博士生15675人，硕士生77130人。在校普通本、专科生594505人，其中本科生375558人，专科生218947人。在校成人本、专科生57932人，其中本科生33984人，专科生23948人。在校网络本、专科生83946人，其中本科生72988人，专科生10958人。

毕（结）业研究生23991人，其中博士生2376人，硕士生21615人。毕（结）业普通本、专科生155972人，其中本科生90370人，专科生65602人。毕（结）业成人本、专科生19410人，其中本科生10222人，专科生9188人。毕（结）业网络本、专科生49595人，其中本科生28483人，专科生21112人。

研究生招生31602人，其中，博士生4038人，硕士生27564人。普通本、专科招生170703人，其中本科生95048人，专科生75655人。成人本、专科招生32751人，其中本科生20604人，专科生12147人。网络本、专科招生9732人，其中本科生9732人，专科生0人。

高等学校教职工49749人，其中市属高校38291人。专任教师33840人，其中市属高校27005人。

四、天津市职业教育发展情况概述

普通中专、职业高中、成人中专共58所。在校生82867人，招生27386人，毕（结）业生24853人，其中获得职业资格证书10728人。教职工7054人，其中专任教师5286人。

第七节 快速发展的经济

经济发展指的是一个国家或者地区人口的平均福利增长过程。经济发展不仅指财富数量方面的增长，还意味着产业结构的优化和经济质量的提高等多方面提升。本章从经济规模、经济结构和增长速度等方面来对天津整体的经济发展情况进行分析。

一、全市三次产业

（一）经济规模

从表3-3可知，天津经济规模呈波动趋势，由2015年的16538.19亿元增加到2018年的18809.64亿元，增加了2271.45亿元，是2015年的1.14倍。但2019年忽然下降至14104.28亿元，2020年持续下降至统计的几年中的最低值14083.73亿元，比最高值2018年下降了4725.91亿元。其中第一产业从2015的210.51亿元波动增加到2022年的273.15亿元；第二产业发展总体呈下降趋势，从2016年的8003.87亿元降低到2022年的6038.93亿元，降低了1964.94亿元；第三产业发展较好，从2015年的8604.08亿元增加到2022的9999.26亿元，其中2017年和2018年更是超过了10000亿元。

表3-3 产业规模

单位：亿元

	2015年	2016年	2017年	2018年	2019年	2020年	2021年	2022年
地区生产总值	16538.19	17885.39	18595.38	18809.64	14104.28	14083.73	15695.05	16311.34
第一产业	210.51	220.22	218.28	172.71	185.23	210.18	225.41	273.15
第二产业	7723.60	8003.87	7590.36	7609.81	4969.18	4804.08	5854.27	6038.93

续表

	2015年	2016年	2017年	2018年	2019年	2020年	2021年	2022年
第三产业	8604.08	9661.30	10786.74	11027.12	8949.87	9069.47	9615.37	9999.26

资料来源：根据《天津市历年统计年鉴》整理、计算得到。

（二）结构

从表3-4可知，在三次产业中，第一产业占比非常低，从2015—2022年都在1%左右；第二产业占比下降，由2015年的46.7%下降到2022年的37%，下降了9.7个百分点；而第三产业占比非常高，由2015年的52%逐渐上升到2022年的61.3%，上升了9.3个百分点。

表3-4　三次产业占比

单位：%

	2015年	2016年	2017年	2018年	2019年	2020年	2021年	2022年
第一产业	1.3	1.2	1.2	0.9	1.3	1.5	1.4	1.7
第二产业	46.7	44.8	40.8	40.5	35.2	34.1	37.3	37
第三产业	52	54	58	58.6	63.5	64.4	61.3	61.3

资料来源：根据《天津市历年统计年鉴》整理、计算得到。

（三）三次产业贡献率

从表3-5可知，第一产业对经济增长的贡献大多在1%以下，2022年达到4.3%；第二产业对经济增长的贡献有所波动，最高为2015年的50.1%，2022年最低，为-18.6%；第三产业对经济增长的贡献占绝对地位，2022年甚至达到114.3%。

表3-5 三次产业贡献率

单位：%

	2015年	2016年	2017年	2018年	2019年	2020年	2021年	2022年
第一产业	0.5	0.7	1.2	0	0.1	-0.5	0.6	4.3
第二产业	50.1	27.1	11.3	2.5	25.6	41.8	34.8	-18.6
第三产业	49.4	72.2	87.5	97.5	74.3	58.7	64.6	114.3
工业	43.8	38.8	26.3	30.00	26.4	30.7	37.2	-28.7
建筑业								

资料来源：根据《天津市历年统计年鉴》整理、计算得到。

二、部分新兴产业（天津缺数据）

从表3-6可知，新兴产业增加值呈现上升的趋势，战略性新兴产业从2017—2020年每年增加3%到10%，2021年增加了10.3%；高技术产业2017—2021年增加额从4%到15%不等。

表3-6 部分新兴产业规模

单位：亿元

	2015年	2016年	2017年	2018年	2019年	2020年	2021年	2022年
新经济								
战略性新兴产业	365.25		+3.9%	+3.1%	+3.8%	+4.4%	+10.3%	
高技术产业			+10.4%	+4.4%	+14.0%	+4.6%	+15.5%	
生产性服务业								
生活性服务业								

资料来源：根据《天津市历年统计年鉴》整理、计算得到。

三、三大需求贡献率（天津缺数据）

从表3-7可知，从2011—2017年，最终消费支出对经济增长的贡献波动增长；投资对经济增长的贡献率逐年降低，说明居民的消费意愿在这几年中呈上升趋势。

表3-7 三大需求贡献率

单位：%

	2011年	2012年	2013年	2014年	2015年	2016年	2017年	2018年	2019年	2020年
最终消费支出	37.6	32.9	39.9	36.5	34.3	39	47.6			
资本形成总额	68.1	66.6	65.9	55.0	52.5	44	27.8			
货物和服务净流出										

资料来源：根据《天津市历年统计年鉴》整理、计算得到。

第四章

重庆基本情况概述

第一节 缘起重庆

重庆市，简称“渝”，别称山城、江城，是中华人民共和国直辖市、国家中心城市、超大城市，国务院批复的国家重要中心城市之一、长江上游地区经济中心，国际消费中心城市，全国先进制造业基地、西部金融中心、西部科技创新中心、国际性综合交通枢纽城市和对外开放门户，辖38个区县，总面积8.24万平方千米，2023年末常住人口达3191.43万。

一、历史沿革与地位变迁

重庆是中国著名历史文化名城，有文字记载的历史达3000多年，是巴渝文化的发祥地。因嘉陵江古称“渝水”，故重庆又简称“渝”。

夏商时期，重庆地区被称为百濮地，据《华阳国志》记载，越嶲郡会无为濮人居住之地，并存在濮人墓葬。三峡地区是中国主要的岩盐产区，盐作为古代重要的硬通货之一，促进了商朝至西周时期巫山地区巴国文明的形成。蜀汉章武二年（222年），刘备在巴东郡白帝城（今奉节）托孤。李严在江州筑大城。隋开皇元年（581年），废郡，以渝水（嘉陵江下游古称）绕城，改楚州为渝州，治巴县。这是重庆简称渝的来历。唐代延续渝州之称，武德元年（618年），为渝州，天宝元年（742年），改南平郡。宋代，重庆先后短暂属西川路、峡西路（也叫峡路，治奉节）管辖，大部分时间则属于夔州路（川峡四路之一，治奉节）管辖。南宋淳熙十六年（1189年），宋光宗赵惇先封恭王，后即帝位，自诩“双重喜庆”，升恭州为重庆府，重庆由此得名，迄今为止已800余年。清初，发生的“湖广填四川”运动使重庆具有了悠久的移民历史和丰富的移民文化，奠定了近现代重庆社会的根基。今重庆直辖市所辖地区在整个清朝仍分为重庆府和夔州府，后又分出酉阳直隶州和忠州直隶州。光绪十六年（1890年），中英签订《烟台条约续增专条》，重庆开为商埠。光绪十七年（1891年）三月，重庆海关在朝天门附近设立。光绪二十一年（1895年），清政府在甲午战争中被日本打败，根据当年4月签订的《马关条约》中规定，重庆成为第一批向日本开放的内陆通商口岸。光绪二十三年（1897年），宋育仁在重庆创办《渝报》。光绪二十七年（1901年），日本在今南岸区王家沱设立了日本租界。同年，法国在今南岸区弹子石附近先后建立了水师码头和兵营。宣统三年（1911年），重庆成立“蜀军政府”。

1937年，抗日战争全面爆发后，国民政府迁都至重庆，并于1940年5月5日颁令将重庆升格为甲等中央院辖市（即直辖市）。这一举措使得重庆成为继南京、上海、天津、青岛、北平之后的第六个中央院辖市。此时的重庆辖区范围大致为现今的重庆主城区，包括渝中区、九龙坡区、沙坪坝区以及江北区、南岸区，而北碚市（今北碚区）则是中央行政院和临时政府的所在地。

1949年11月30日，中国人民解放军第二野战军解放重庆。随后，重庆成为西南军政委员会驻地，并作为西南大区代管的中央直辖市。1954年，中央人民政府委员会第三十二次会议通过《关于撤销大区一级行政机构和合并若干省、市建制的决定》。在这一背景下，重庆市于当年7月并入四川省的建制，但其“政治、经济待遇不变”，并实行国家计划单列体制，时间为1954—1958年。

1997年6月18日，重庆直辖市政府机构正式挂牌，标志着重庆在历史上第三次成为直辖市。此后，重庆的地位和影响力逐渐增强。

2009年1月16日，国务院发布《国务院关于推进重庆市统筹城乡改革和发展的若干意见》，将重庆确定为“国家统筹城乡综合配套改革试验区”。这一决策进一步提升了重庆在中国经济和社会发展中的地位。

2017年3月31日，国务院批复成立中国（重庆）自由贸易试验区。

这一举措旨在推动重庆对外开放和经济发展，进一步提升其国际影响力。

2020年5月9日，重庆主城都市区工作座谈会召开，“主城都市区”的范围随之宣布由原来主城9区扩至主城都市区21区。这一变化意味着重庆将拥有更广阔的发展空间和更多的发展机遇。

从直辖市的设立到并入四川省，再到重新成为直辖市，以及后来的国家中心城市和自由贸易试验区等地位的确立，重庆的历史沿革与地位变迁充分展示了其在中国近现代史中的重要地位和发展潜力。未来，随着重庆的不断发展和壮大，其在国家经济社会发展中的作用将更加突出。（资料来源：重庆市规划和自然资源局）

二、行政区划

重庆行政区划代码为500000，位于东经105° 17′ 至110° 11′、北纬28° 10′ 至32° 13′ 的中国西南部，是长江上游最大的经济中心，同时也是西南地区的工商业重镇和水陆交通枢纽。

截至2022年10月，重庆市下辖26个市辖区、8个县、4个自治县，合计38个县级区划，政府驻渝中区人民路232号。这些区划包括但不限于万州区、涪陵区、渝中区、大渡口区、江北区、沙坪坝区、九龙坡区、南岸区、北碚区、綦江区、大足区、渝北区、巴南区、黔江区、长寿区、江津区、合川区、永川区、南川区、璧山区、铜梁区、潼南区、荣昌区、开州区、梁平区、武隆区等26个市辖区，以及城口县、丰都县、垫江县、忠县、云阳县、奉节县、巫山县、巫溪县、石柱自治县、秀山自治县、酉阳自治县、彭水自治县等12个县和4个自治县。重庆市行政区划的复杂性反映了重庆市作为中国西部重要城市的发展历程和地理特点。

表4-1　重庆市行政规划（2022年）

区划代码	名称	政府驻地	面积（平方千米）
500101	万州区	陈家坝街道	3453
500102	涪陵区	马鞍街道	2941
500103	渝中区	七星岗街道	23
500104	大渡口区	新山村街道	103
500105	江北区	寸滩街道	221
500106	沙坪坝区	覃家岗街道	396
500107	九龙坡区	杨家坪街道	431
500108	南岸区	天文街道	262
500109	北碚区	北温泉街道	751
500110	綦江区	古南街道	2747
500111	大足区	棠香街道	1434
500112	渝北区	两路街道	1457
500113	巴南区	龙洲湾街道	1823
500114	黔江区	城西街道	2390
500115	长寿区	菩提街道	1421
500116	江津区	圣泉街道	3216
500117	合川区	南津街街道	2343
500118	永川区	中山路街道	1579
500119	南川区	东城街道	2589
500120	璧山区	璧城街道	915
500151	铜梁区	巴川街道	1341
500152	潼南区	桂林街道	1585
500153	荣昌区	昌元街道	1077
500154	开州区	汉丰街道	3964
500155	梁平区	梁山街道	1888
500156	武隆区	芙蓉街道	2892

续表

区划代码	名称	政府驻地	面积（平方千米）
500229	城口县	葛城街道	3289
500230	丰都县	三合街道	2899
500231	垫江县	桂阳街道	1517
500233	忠县	忠州街道	2187
500235	云阳县	双江街道	3636
500236	奉节县	永安街道	4098
500237	巫山县	高唐街道	2955
500238	巫溪县	柏杨街道	4015
500240	石柱土家族自治县	南宾街道	3014
500241	秀山土家族苗族自治县	中和街道	2453
500242	酉阳土家族苗族自治县	钟多街道	5168
500243	彭水苗族土家族自治县	汉葭街道	3897

资料来源：百度百科。

第二节　自然资源

重庆幅员辽阔、地形复杂、河流充沛、气候温润，地下、地表资源都相当丰富，且组合条件好，利用价值高，开发潜力大，是我国自然资源富集地区之一。

一、矿产

重庆市地质构造类型多样，地层发育完整，岩浆活动频繁，成矿条件良好，蕴藏有黑色金属、有色金属、贵金属、稀有金属、冶金辅助原料、化工原料、能源、建筑材料及其他非金属等多种矿产。现已发现并开采的矿产有40余种，探明储量的矿产有25种，主要有煤、天然气、锶、硫铁、岩盐、铝土、汞、锰、钡、大理石、石灰石、重晶石等，市内矿产资源具有分布相对集中、品位较高、便于开发等特点，特别是煤、天然气、铝土矿、盐矿、锶矿、锰矿和钡矿等的储量在全国都有明显优势。其中，天然气储量3200亿立方米，是全国重点开采的大矿区；铝土矿主要分布在南川市和黔江开发区，储量达7400万吨；岩盐储量3000亿吨；锶矿是重庆最具特色的优势矿种，已探明储量705万吨，居全国首位，主要分布在铜梁县和大足县；锰和钡矿储量分别居全国第二和第三。

二、动植物

重庆是全国生物物种较为丰富的地区之一。据不完全统计，重庆市有维管植物153科，640属，6000多种，其丰富程度仅次于云南、四川，居全国第三，有各类经济植物5000种以上。仅号称“川东小峨眉”的缙云山，亚热带树木就达1700多种，至今还保留着1.6亿年以前的“活化石”水杉及伯乐树、飞蛾树等世界罕见的珍稀植物。国家级自然保护区南川金佛山，是重庆市的天然植物园之一，有名贵树种30多种（其中有国家一类保护树种3种），有乔木1000多种，竹类17种，尤以“金山四绝”银杉、杜鹃王树、大叶茶、方竹笋闻名中外。具有原始森林特色的江津四面山自然保护区植物资源颇为丰富。重庆还是全国重要的中药材产地之一，大面积的山区生长着数千种野生和人工培植的中药材，在全国产量最大的有黄连、五倍子、金银花、厚朴、黄柏、杜仲、元胡等。全市有栽培植物560多类，其中主要粮食作物有水稻、玉米、小麦、红薯4大类，尤以水稻居首。经济作物名优品种主要有油菜、花生、桐子、生漆、茶叶、蚕桑、甘蔗、黄红麻、烟叶等。果树作物主要有柑橘、甜橙、柚、桃、李等，尤以柑橘最具盛名。

重庆地区有各类动物资源380余种，属于国家重点保护的珍贵稀有陆生野生动物有50种，属国家一至三级保护的珍稀动物有近百种。一级保护的野生动物有10种：黑叶猴、川金丝猴、黔金丝猴、云豹、豹、蟒、黑鹳、金雕、玉带海雕、蜂猴。其中，野生珍稀动物主要有毛冠鹿、林麝、大灵猫、水獭、云豹、猕猴、红腹锦鸡等。饲养动物有60余种，生猪、羊、牛、兔是优势畜种，荣昌是全国著名的种猪基地，石柱县是全国著名的长毛兔饲养、加工和出口基地。全市有江河鱼类120多种，鱼类养殖遍及各区县，长寿湖、大洪湖是重庆的鱼类养殖基地。

三、水和水能

重庆辖区内江河纵横，水网密布，统属长江水系。长江干流从地域中部自西南向东北横穿全境，在境内与南北向嘉陵江、渠江、涪江、乌江、大宁河等支流及上百条中小河流构成近似向心状的辐合水系，使本地区工农业生产和人民生活有充足的水源保障。

重庆境内江河纵横，水网密布，水及水能资源十分丰富，地域内水资源总量年均超过5000亿立方米，分为地表水和地下水两大类。地表水占水资源总量的绝大部分。全市理论水能蕴藏总量1440万千瓦，其中长江占80%以上，嘉陵江占9.9%，其他河流约占10%。其中，可供开发的水能资源750万千瓦。全部水能资源开发电量在全国大城市中名列第一。重庆石灰石地质地貌突出，溶洞较多，有丰富的地下热矿泉水和饮用矿泉水，开发前景良好。重庆地区东、西、南、北建有四大温泉公园和众多的优质矿泉水生产企业。

第三节 社会事业

一、医疗

近年来，重庆市在医疗机构建设上取得了显著成效。随着医疗体制改革的深入和市民健康需求的增长，医疗机构数量与服务质量均有所提升。

2023年末，市医疗卫生机构总数达23389个，比上年增加1128个。其中医院862个，基层医疗卫生机构22279个，专业公共卫生机构156个；医院中，公立医院217个，民营医院645个。医院按等级划分：三级医院97个，其中三级甲等医院37个；二级医院255个；一级医院356个。基层医疗卫生机构中，社区卫生服务中心（站）637个，卫生院807个，村卫生室9496个，诊所（卫生所、医务室）10706个。

全市医疗卫生机构床位总数达到25.6万张，其中医院19.0万张，基层医疗卫生机构6.0万张，专业公共卫生机构0.5万张；全市卫生人员总数为33.5万人，其中卫生技术人员27.2万人。卫生技术人员中，执业（助理）医师10.2万人，注册护士12.8万人。（资料来源：重庆市卫生健康委员会）

尽管有所发展，但疾病预防控制机构基础设施仍显薄弱，专业技术人才和科技支撑仍显不足。在抗击疫情中暴露出能力不够强、机制不够活、动力不够足、防治结合不够紧密等问题。

另外，重庆市优质医疗资源数量较少，且主要集中在主城都市区，医疗资源配置不均。国家医学中心、国家区域医疗中心、国家临床重点专科等优质医疗卫生资源数量较少，与发达地区以及周边强省差距较大。

二、科技（R&D经费投入）

2022年，重庆市在科研投入方面取得了积极进展。R&D经费总量持续增长，达到686.6亿元，这标志着重庆市在科技创新方面的投入力度不断加大。同时，R&D经费投入强度也有所提升，达到2.36%，这反映出重庆市对科技创新的高度重视。人均R&D经费达到53.3万元，显示了重庆市对科研人员的充分支持和重视。

从R&D经费的投入主体来看，企业占据了主导地位。各类企业经费支出共计549.1亿元，占比高达80%，这进一步证明了企业在科技创新中的核心地位。与此同时，政府属研究机构和高等学校也在科研投入中扮演着重要角色，其经费支出分别占比6.1%和9.8%，形成了多元化的科研投入格局。

从产业部门的角度来看，高技术制造业成为R&D经费投入的重点领域。该领域R&D经费达到118.1亿元，投入强度为1.55%，显示出重庆市对高技术产业的重点扶持和投入。在规模以上工业企业中，有两个行业的R&D经费投入超过50亿元，占比高达48.6%，这些行业成为重庆市科研投入的重要方向。未来，重庆市应继续加大对这些领域的科研投入力度，推动科技创新和产业升级。

三、文化

在2024年4月22日至23日的考察中，习近平总书记深入重庆市多个关键区域，包括重庆国际物流枢纽园区、九龙坡区谢家湾街道民主村社区以及重庆市数字化城市运行和治理中心。此次考察旨在了解重庆在加快建设西部陆海新通道、实施城市更新、保障改善民生以及提高城市治理现代化水平等方面的进展。自党的十八大以来，这已是习近平总书记第三次到重庆考察调研，前两次分别在2016年和2019年。

重庆作为西部大开发的重要战略支点，位于"一带一路"和长江经济带的连结点上。要发挥好当地的区位优势，促进城乡区域协调发展，推动新型工业化、信息化、城镇化、农业现代化同步发展。在习近平总书记的指引下，重庆积极拓展物流通道，提升开放平台能级，加快推动城乡融合发展，形成平衡发展结构。如今，城乡融合、区域协调联动发展的美好图景正在重庆徐徐展开，成为新时代西部大开发的高质量发展重要增长极。

重庆的文化事业也取得了显著成就。截至2023年12月，全市共有图书馆42个，其中一级馆38个，藏书丰富，尤其在抗战文献的保存方面的贡献突出。此外，重庆图书馆还是我国最早的联合国文献寄存馆之一，承担着全国文化信息资源共享工程重庆市分中心和重庆市古籍保护中心的职责。在博物馆建设方面，重庆现有博物馆134个，其中革命纪念类博物馆数量最多，达39家。这些博物馆不仅拥有丰富的藏品，还通过举办各种展览和活动，吸引了大量观众前来参观。

影视产业方面，重庆也取得了积极进展。2021年，全市新增影院42家，在册影院达295家，放映电影场次和观影人次均创历史新高。同时，重庆还积极推动影视基地建设，为剧组拍摄提供便利。出版业方面，截至2022年，重庆市共出版报纸27种、期刊139种、图书5405种，总印数分别达到16138万份、3372.23万册、14370万册，显示了重庆在出版领域的活跃度和影响力。

四、体育

随着城市化进程的加快，重庆市在体育场地与设施建设上取得了显著成就。据重庆市体育局公布的数据，截至2023年12月31日，全市体育场地数量已达到168660个，总面积高达8820.16万平方米，人均体育场地面积达到2.76平方米。这些体育场地遍布城乡，不仅满足了市民的日常健身需求，还为各类体育赛事的举办提供了优质的场地条件。

在体育场地建设中，重庆市注重多元化和个性化，涵盖了足球场、篮球场、羽毛球场、游泳馆等各类运动场所。同时，还积极引进国际先进的体育设施和技术，提升场地设施的专业性和科技含量。这些设施的完善不仅提高了市民的运动体验，也为重庆市体育事业的发展奠定了坚实基础。

近年来，重庆市体育产业规模持续扩大，总产出和增加值均实现了快速增长。据核算，2022年全市体育产业总规模（总产出）达到694.34亿元，增加值为279.62亿元，占全市GDP比重为1.0%。这一数据充分展示了重庆市体育产业在经济发展中的重要地位。

从内部结构看，重庆市体育产业呈现出多元化发展趋势。体育用品及相关产品制造作为传统强项，依然占据重要地位，但占比略有下降。体育场地设施建设占比有所提高，显示出重庆市在基础设施建设方面的持续投入。而体育服务业作为新兴产业，其占比进一步提升，成为推动体育产业增长的重要力量。这一趋势不仅推动了重庆市体育产业的转型升级，也为市民提供了更加丰富的体育消费选择。

为了推动体育事业的发展，重庆市政府不断加大体育经费投入力度。2022年，全市体育经费达到234367万元，这一数字不仅创下了历史新高，也充分显示了政府对体育事业的高度重视和大力支持。

在竞赛成绩方面，重庆市运动员在国内外各大赛事中屡获佳绩。一级运动员和二级运动员数量稳步增加，他们在全国最高水平比赛和世界三大赛中屡创佳绩，共获得奖牌数十枚，其中金牌10枚。这些成绩不仅彰显了重庆市的体育实力，也激发了市民对体育运动的热情和参与度。

为了进一步推动体育事业的发展，重庆市体育局制订了详细的未来规划。在《重庆市人民政府关于印发重庆市全民健身实施计划（2021—2025年）的通知》中，提出了九大任务，涵盖了场地设施供给、赛事活动体系打造、科学指导加强、社会组织活力激发等多个方面。这些任务的实施旨在完善竞技体育发展体系，提高本市竞技体育综合竞争力和影响力。

五、社保

社会保障作为保障和改善民生、维护社会公平、增进人民福祉的基本制度保障，其重要性不言而喻。它不仅是促进经济社会发展的关键因素，更是实现广大人民群众共享改革发展成果的重要制度安排。

最新统计年鉴数据显示，2022年重庆市在社会保障和就业方面的支出达到了惊人的10227881万元。这一庞大的数字背后，是重庆市政府对于民生福祉的高度重视和持续投入。

与此同时，重庆市人力资源和社会保障局发布的统计公报也为我们揭示了全市的就业情况。公报显示，到2022年末，全市就业人员总数达到了1644.37万人。其中，城镇就业人员占据了主要地位，达到1087.42万人，占全市就业人员比重的66.1%。

从产业分布来看，重庆市的就业结构呈现出多元化的特点。第一产业就业人员占比23.6%，这显示了重庆市在农业领域的就业吸纳能力。第二产业就业人员占比25.2%，体现了重庆市在工业和制造业方面的发展实力。而第三产业就业人员占比高达51.2%，这标志着服务业已成为重庆市就业的主要领域，显示了重庆市在服务业方面的快速发展和巨大潜力。

综上所述，重庆市在社会保障和就业方面取得了显著成绩，这不仅为市民提供了坚实的生活保障，也为经济社会的发展注入了强劲动力。未来，重庆市将继续加大在社会保障和就业方面的投入力度，推动经济社会持续健康发展。

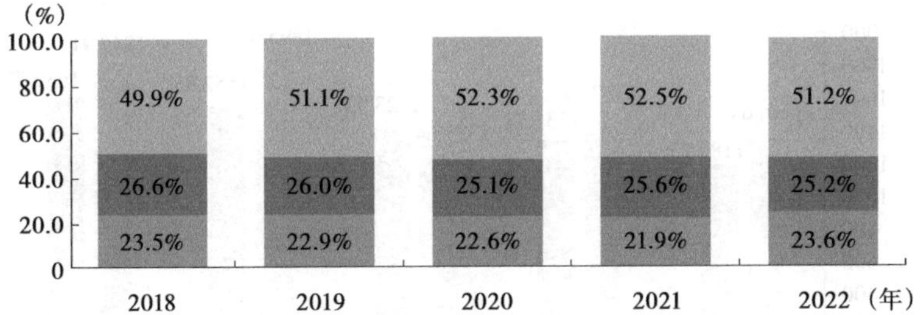

图4-1　2018—2022年重庆市就业人员产业构成情况

在农民工就业方面，2022年重庆市全市农民工总量达到751万人，与上一年相比略有下降，降幅为0.7%。其中，外出农民工数量为509万人，下降了0.9%；而乡内农民工数量为242万人，降幅较小，仅为0.1%。为了鼓励农民工返乡创业就业，全市全年共促进17.32万人返乡入乡创业就业，其中返乡创业的人数达到2.72万人。同时，为了提供更好的创业环境，创建了69个农民工返乡创业园，这些园区全年实现了总产值371.8亿元，并吸纳了5.78万人就业。

在城镇就业方面，重庆市全年城镇新增就业人数达到70.67万人，显示出强劲的就业增长势头。对于失业人员，全市也积极采取措施促进再就业，全年城镇失业人员再就业人数达到24.46万人。同时，针对就业困难人员，全市也实现了14万人的就业，充分体现了对特殊群体的关怀和支持。在城镇失业率方面，全年全市城镇调查失业率平均值为5.4%，就业市场状况相对稳定。

在社会保险方面，2022年重庆市全年基本养老保险、失业保险、工伤保险三项社会保险基金收入合计为1845.91亿元，与上年相比减少了49.16亿元，降幅为2.6%。尽管如此，基金支出合计达到了1639.77亿元，比上年增加了86.92亿元，增长率为5.6%。这一数据反映了重庆市在社会保障方面的投入和支出力度，确保了广大市民的基本生活保障。

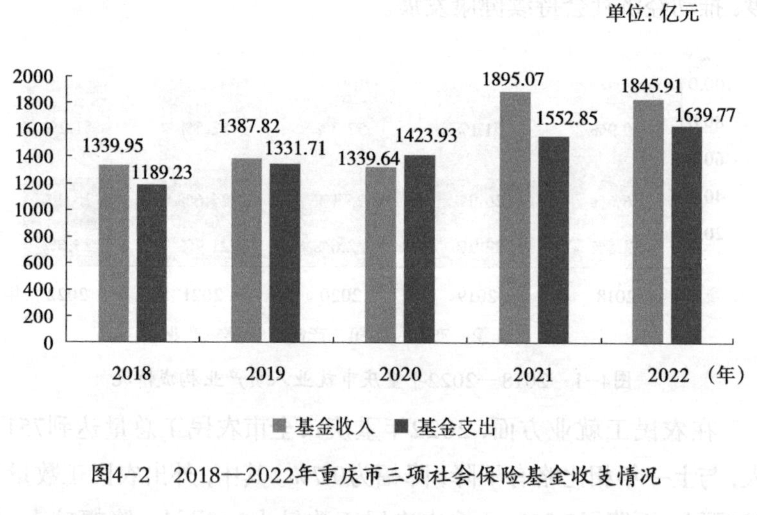

图4-2　2018—2022年重庆市三项社会保险基金收支情况

资料来源：人力资源和社会社保局。

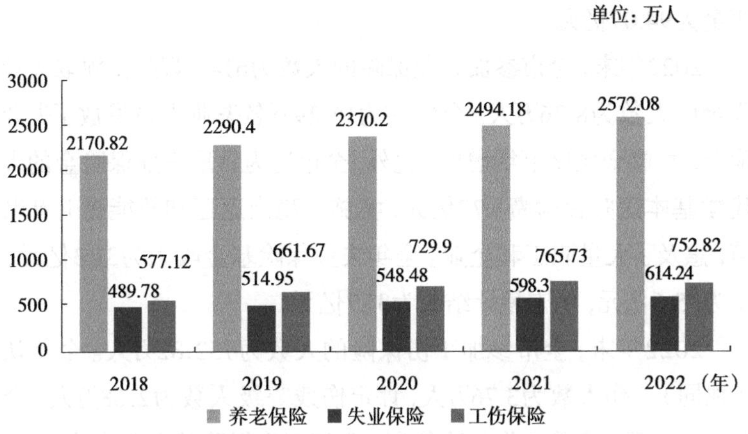

图4-3　2018—2022年重庆市三项社会保险参保人数

资料来源：人力资源和社会保障局。

截至2022年末，全市参加基本养老保险的人数达到了2572.08万人，较上年末增加77.9万人。全年基本养老保险基金收入为1784.04亿元，基金支出为1579.96亿元，年末累计结余达1723.25亿元。

在城镇职工基本养老保险方面，2022年参保人数达到1431.76万人，其中参保职工980.06万人，参保离退休人员451.7万人。全年基金收入为1687.8亿元，支出为1515.81亿元，年末累计结余为1499.31亿元。对于城乡居民基本养老保险，年末参保人数为1140.32万人，实际领取待遇人数331.2万人。全年基金收入为96.24亿元，支出为64.15亿元，年末累计结余为223.94亿元。为确保社保基金的安全与增值，依法开展了社保基金委托投资运营监管。截至年末，委托投资营运的基本养老保险金达400亿元。

在企业年金方面，2022年，全市建立企业年金制度的企业达到1576家，比上年增加186家；参加企业年金的职工人数为29.05万人，比上年增加1.69万人。年末企业年金基金累计结余为182.63亿元。

在职业年金方面，2022年末，参保职工人数为75.55万人，领取待遇人数为9.79万人。当年支付待遇金额为4.65亿元，划拨投资职业年金为94.07亿元。

2022年末，全市参加失业保险的人数为614.24万人，领取失业保险金的人数为8.36万人。全年共为16.29万名失业人员发放了失业保险金，发放金额比上年增加。此外，全市还为领取失业保险金的人员代缴基本医疗保险费4.77亿元，实施了稳岗返还和技能提升补贴政策，惠及了大量职工和企业。全年失业保险基金收入为31.3亿元，支出为35.6亿元，年末累计结余为37.7亿元。

2022年末，全市参加工伤保险的人数为752.82万人。全年认定（视同）工伤人数为3.76万人，评定伤残等级人数为2.68万人。全年共有6.34万人享受工伤保险待遇。全年工伤保险基金收入为30.55亿元，支出为24.22亿元，年末累计结余为13.68亿元。全市新开工工程建设项目的工伤保险参保率达到了99.9%，显示了重庆市在保障劳动者权益方面的积极努力。

第四节　“3D”交通

一、铁路

重庆铁路枢纽是指服务于中国直辖市重庆的铁路枢纽站的总称，包括重庆主城区内重庆站（菜园坝）、重庆北站（龙头寺）、重庆西站（上桥）、重庆东站（茶园）、沙坪坝站、北碚站、复盛站以及主城区外各区（县、自治县）的火车站等。

在货运方面，重庆规划了“一主一辅”的解编系统，由兴隆场编组站和东港区段站组成。同时，还构建了“2+4+9”的三级物流中心网络，包括2个全国性铁路物流中心（团结村集装箱中心站、小岚垭铁路物流中心）、4个区域性铁路物流中心（白市驿、南彭、木耳、龙盛）以及9个地区性铁路物流中心（磨心坡、北碚、黄磏、唐家沱、鱼嘴、德感、双福、大路、澄江）。这些物流中心将共同构建起完善的货运网络，为重庆及周边地区的物流运输提供有力保障。

根据《重庆市中长期铁路网规划（2016—2030年）》，重庆在客运枢纽方面进行了全面的布局与调整。重庆西站（上桥）、重庆北站（龙头寺）、重庆东站（茶园）被确立为主客运站，承担主要的客运任务。同时，重庆站（菜园坝）和沙坪坝站作为辅助客运站，将继续发挥重要作用。

随着铁路枢纽的不断完善和发展，重庆火车站的客流量也在持续增长。2024年5月1日，重庆火车站全站累计发送旅客达到了130.8万人次，同比增长32%，创下了历史新高。这一成果充分展示了重庆铁路枢纽在促进区域经济社会发展中的重要作用。

二、水路

重庆市，位于中国西南地区的心脏地带，是一个因水而兴、因水而美的城市。其独特的水运网络不仅塑造了重庆独特的城市风貌，也为当地的经济社会发展提供了强有力的支撑。重庆的水系丰富，河流密布，其中最主要的河流包括长江、嘉陵江、乌江等。

长江自西向东横贯重庆全境，流程长达665千米。这条黄金水道不仅为重庆带来了丰富的水资源，也为城市的经济发展注入了强大的活力。长江在重庆境内形成了著名的长江三峡——自上游至下游依次为瞿塘峡、巫峡和西陵峡，全长193千米。瞿塘峡以其雄伟的景色著称，两岸悬崖壁立，山峰高耸入云；巫峡则以峡谷曲折幽深、巫山十二峰并列南北两岸而闻名；西陵峡则是三峡中最长的一段，经过水库蓄水后，虽然险滩已消失，但东段景色依旧壮观。这些自然景观吸引着无数游客前来观光旅游。

同时，长江也是重庆重要的水上交通要道，承担着大量的货物运输和人员往来。除了长江，嘉陵江和乌江也是重庆重要的水系。嘉陵江自西北而来，在重庆渝中区汇入长江，为重庆的水运交通提供了重要的补充。乌江则发源于贵州省，在重庆涪陵区汇入长江，成为连接渝黔两地的重要水上通道。这两条河流不仅丰富了重庆的水系网络，也为当地的航运发展提供了广阔的空间。

乌江也是重庆重要的水运通道之一。近年来，重庆市与贵州省加强合作，共同推动乌江航运的高质量发展。双方联合起草了《渝黔深化合作推动乌江航运高质量发展建设实施方案（2023—2027年）》，旨在构建开放引领、区域协同、便捷高效、绿色集约的现代航运体系。目前，乌江航运服务体系建设基本形成，正加快建立健全多梯级通航建筑物联合调度机制。到2027年，船舶单向航行时间将大幅缩短，港口运营管理一体化水平将明显提升。此外，双方还将持续完善港口环保设施，强化船舶污染防治，加强绿色生态航道建设养护，推动交通运输绿色低碳转型。这些举措不仅将有力提升乌江开展公、铁、水多式联运发展，形成畅通的水运大通道，还将助推"黔货出山"，助力贵州加快融入共建"一带一路"、长江经济带和成渝地区双城经济圈建设。乌江正逐渐成为渝黔两地经贸往来的"黄金水道"，为流域经济发展提供有力保障。

三、航空

重庆市，这座位于中国西南地区的直辖市，不仅因其独特的山城风光而闻名，还因其丰富的机场资源而备受瞩目。目前，重庆市共有5座机场，分别为重庆江北国际机场、万州五桥机场、黔江武陵山机场、重庆巫山机场和武隆仙女山机场。这些机场的布局不仅体现了重庆的地域特点，也满足了当地及周边地区的航空运输需求。

首先，重庆市的面积达到8.24万平方千米，这一面积规模远超北京、上海和天津3个直辖市的总和。广阔的地域意味着需要更多的机场来覆盖各个区域，满足人们的出行需求。其次，重庆地形复杂，山区众多，且多为高海拔地区。这样的地形特点使得陆路交通受到一定限制，而航空运输则成了一种更为高效、便捷的交通方式。因此，重庆的机场布局也充分考虑了地形因素，确保各个区域都能享受到航空服务的便利。

重庆江北国际机场位于重庆市渝北区两路街道，距离市中心仅19千米。作为4F级民用国际机场，它不仅是中国八大区域枢纽机场之一，还是中国第五个实行72小时过境免签政策的航空口岸。机场拥有3座航站楼和3条跑道，停机坪面积广阔，年旅客吞吐量和货邮吞吐量均居全国前列。这座机场不仅为重庆市民提供了前往全国各地的便捷通道，也为国际旅客提供了连接世界的桥梁。

万州五桥机场位于重庆市万州区长江南岸毡帽山顶，是一座按4D级规划、近期按4C级建设的高海拔机场。机场跑道全长2400米，停机坪面积宽敞，可满足多种机型的起降需求。万州五桥机场的建成通航，设计年吞吐旅客50万人次，极大地改善了渝东北地区的交通状况，促进了当地经济社会的发展。

黔江武陵山机场位于重庆市黔江区舟白街道张家坝，距离黔江城区仅3千米。作为国家规划定位的4C级民用支线机场，它不仅是重庆和西南地区重要的空中综合交通枢纽之一，还服务着武陵山区及周边地区。

重庆巫山机场位于中国重庆市巫山县和奉节县交界处，这座机场是一座4C级中国国内支线机场，海拔高度达到了1771.48米，属于高原机场的范畴。机场占地面积较大，拥有一条长2600米的跑道，航站楼的总建筑面积约3500平方米。由于巫山机场位于高海拔地区，其独特的地理位置也为旅客提供了观赏周边美丽风景的机会。机场周边有巫山神女峰等著名景点，旅客在出行之余还可以欣赏到壮丽的自然风光。

武隆仙女山机场位于重庆市武隆区，是一座按4C级机场规划设计的现代化机场。以2025年为设计目标年，按满足旅客年吞吐量60万人次、货邮量1500吨的能力进行建设，预计建成通航后，将直达北、上、广等国内主要城市，为武隆区的旅游业发展插上腾飞的翅膀。同时，机场的建设也将进一步完善重庆市的航空网络布局，推动区域经济社会协调发展。

四、公路

重庆市的公路网络发达，构建了一个完善的公路体系，包括国道、省道、县道、乡公路和乡村公路。这一庞大的公路网络不仅极大地提升了重庆地区的交通便利性，也为当地的经济社会发展提供了强有力的支撑。

最新数据显示，重庆全市公路网总长度已达到惊人的1.3万千米。各级公路网络覆盖率基本实现全覆盖，公路网络覆盖率高达99.6%。省级公路有38条，市级公路有122条，县级公路有731条，乡级公路有1355条，村级公路更是多达8058条。这些公路不仅覆盖了城市的每一个角落，也深入到了乡村地区，确保了每个地区都能享受到便捷的公路交通服务。

特别值得一提的是，重庆高速公路的发展也取得了显著成果。重庆高速公路作为重庆市中心城区与各个区县以及区县之间相互连接的高速公路路网系统，其建设和发展为重庆地区的交通便捷性提升起到了关键作用。截至2023年底，重庆全市高速公路通车里程已突破4100千米，路网密度提升至4.85千米/百平方千米，这一数据居西部地区首位，充分展现了重庆在高速公路建设方面的领先地位。

根据最新统计年鉴统计信息，2022年重庆市公路线路里程已达到186137千米，其中高速公路里程为4002千米。这一数据不仅显示了重庆公路建设的庞大规模，也体现了重庆在推动交通基础设施建设方面所取得的显著成效。

五、公共交通

（一）轨道交通

重庆轨道交通，作为重庆市的城市轨道交通系统，自2005年6月

18日第一条线路开通试运营以来，便成为重庆交通史上的一座里程碑。这使重庆成为中国内地第九座，也是西部地区首座开通城市轨道交通的城市，更为市民的出行带来了极大的便利。

随着城市的不断发展，重庆轨道交通也在稳步扩大其网络覆盖面。截至2023年12月，重庆轨道交通已开通多达12条线路，包括环线、1号线至10号线、国博线、18号线以及市郊铁路江跳线，运营里程达到了538千米（含重庆云巴示范线）。这些线路共设有256座车站，其中换乘站达44座，为市民提供了丰富的出行选择。

在持续的建设与发展中，重庆轨道交通也在不断扩大其网络规模。截至2023年12月，仍有11条线路在建中，预示着未来重庆轨道交通网络将更加完善。值得一提的是，2023年重庆轨道交通的年客运量达到了惊人的13.26亿人次，充分证明了其在市民出行中的重要地位。

随着科技的进步，重庆轨道交通也在不断提升其服务水平。2024年6月，重庆轨道交通车站实现了5G信号全覆盖，为乘客提供了更加高速、稳定的网络服务。在票价方面，重庆轨道交通实行“里程计价、递远递减”的计程票价政策，起步价为2元，最高票价为10元，同时设有最高票价7元封顶的优惠票价。重庆市郊铁路江跳线则单独计价，起步价2元，最高票价9元，同样实行最高票价7元封顶的优惠票价。换乘时，票价以跳磴站为界实行分段计费，累加计算。

此外，重庆轨道交通还规定了乘客的乘车时限和费用补交政策。乘客每次乘车从入闸到出闸的时限为180分钟，超时需按线网最高票价另交全额车费（因轨道交通原因导致的除外）。若单程票车费不足以支付所到达车站的实际车费，乘客需补交超程车费（同样，因轨道交通原因导致的除外）。

展望未来，重庆轨道交通将继续承载着市民的期待与梦想，不断拓展网络、提升服务，成为推动城市发展的重要力量。

（二）公交

重庆公交，作为服务于中国重庆主城区内的主要城市公共交通方式之一，涵盖了公交车、出租车、客运索道、客运扶梯等多种交通形式。这些多样化的交通工具不仅满足了市民的日常出行需求，也成了重庆独特的城市风景。

重庆公交的历史可以追溯到1932年5月，自那时起，公共汽车就开始在重庆的街头巷尾穿梭，为市民提供便捷的出行服务。经过90余年的发展，重庆公交系统已经形成了庞大的网络，为城市的繁荣和发展作出了巨大贡献。

截至2016年，重庆主城区公交系统已拥有出租车14602辆，长江索道1处，客运电梯2处，公交线路600余条，运营公交车辆8800余辆。公交线网总长超过2500千米，日均客运量高达720万人次。这些数据充分展示了重庆公交系统的规模和影响力。

为了提升乘客的出行体验，重庆公交在支付方式上不断创新。自2018年12月20日起，主城区公交开通了微信、支付宝、银联云闪付等多种乘车码支付方式，同时支持银联卡闪付和手机闪付等功能，方便乘客快速支付车费。此外，还支持Huawei Pay、MI Pay、Apple Pay、Samsung Pay等多种移动支付方式，让乘客的出行更加便捷。

在公交车型方面，重庆公交系统拥有普通车、中级车和高级车等多种车型。车身颜色丰富多彩，包括蓝、绿、黄、红、橘红等，为城市增添了一道道亮丽的风景线。

值得一提的是，重庆还积极探索快速公交（BRT）的发展模式。自2007年9月28日第一条BRT专线开建以来，重庆公交系统不断完善和优化BRT线路。然而，随着城市交通的发展和道路资源的合理利用，2012年4月，重庆BRT线路6.3千米长的封闭式公交专用道路全部拆除。

重庆公交系统不仅承载着市民的日常出行需求，也见证了城市的发展和变迁。未来，随着科技的进步和城市的发展，重庆公交将继续为市民提供更加便捷、高效、舒适的出行服务。

（三）出租汽车

重庆的出租车服务以其规范的计费标准和多样化的车型深受市民喜爱。出租车的起步价为8元，覆盖最初的3公里行程。若行驶距离超过这一范围，每公里将加收1.8元。特别地，在夜间（23:00至次日5:00），起步价将调整为9元，超过3公里后，每千米的费用上涨至2.16元。

除了基础计费，重庆出租车还实行等候计费制度。在车速低于12千米/小时的情况下，每分钟将加收0.8元的等候费，以确保司机在交通拥堵或乘客需求等待时获得合理收入。此外，若乘客要求司机在途中停车等候，每5分钟将加收1.6元的等候费；而搬运行李服务则按每件行李加收1元。

重庆出租车的车身颜色统一为黄色，车型包括长安铃木天语、现代兰特、长安铃木启悦等。截至2015年，全市共有出租车14602辆，租赁汽车100辆，年营运车里程达2.5亿千米，年客运量高达6000万人次。这些出租车不仅为市民的日常出行提供了便捷服务，也成为城市街头一道亮丽的风景线。

第五节　特色文化

一、错落有致的建筑

近年来，重庆，这座位于中国中西部的直辖市，频频成为公众关注的焦点，它不仅成为国民心中的网红城市，更成了热门的旅游目的地。其独特的地理位置、城市建设方式及居民生活形态，共同铸就了其“3D魔幻城市”的美誉。

重庆，坐落于长江与嘉陵江的交汇处，依山傍水，地形地貌独特。这里的楼宇依山而建，街道蜿蜒曲折，形成了高低错落、极富层次感的城市景观。行走在重庆的街头巷尾，仿佛置身于一部立体电影中，上下左右的建筑之间形成了巨大的高度差，轻轨穿楼而过，索道横跨江面，每一处都充满了魔幻色彩。

在城市规划与建筑设计上，重庆更是充分利用了自然地形的优势，打造了一套独特的立体交通网络。立交桥盘旋而上，大桥横跨山谷，隧道深入地下和山腹，这些交通设施与居民区、商业街区、公园绿地等功能区域交织在一起，形成了一幅幅生动的立体画卷。居民们每日攀爬台阶、乘坐升降梯上下楼，甚至建筑内部都有几层高的步行天桥相连，这些生活细节无不体现了重庆的3D特性。

重庆的"3D魔幻"特质不仅体现在城市景观和交通设施上，更融入了居民的日常生活中。这种独特的生活方式赋予了重庆区别于其他平原城市的鲜明个性，使其成为一个生动立体、充满魔幻色彩的现代都市。

从空中鸟瞰，重庆如同一座巨大的立体拼图，层层叠叠的建筑和蜿蜒曲折的街道交织在一起，形成了一幅幅壮丽的画面。而实地体验则更让人深刻感受到这座城市的魅力。无论是漫步在繁华的街头巷尾，还是乘坐轻轨穿越城市的高楼大厦，都能让人感受到重庆的独特魅力。

重庆，这座大自然的鬼斧神工之作，也是人类智慧与自然和谐共生的典范。它以独特的地理位置、丰富的地貌形态和创新的城市设计，成功塑造了一个生动立体、充满魔幻色彩的3D城市形象。作为一座富有挑战性的现代都市，重庆以其"3D魔幻"的特质吸引着世界各地的人前来探索与体验。

二、热辣滚烫的火锅

重庆火锅，作为这座城市的一张重要美食名片，不仅承载着深厚的历史文化底蕴，更是中国美食文化中的一颗璀璨明珠。其独特的麻辣口感和丰富的菜品选择，吸引了无数食客前来品尝，成为重庆不可或缺的城市符号。

《重庆日报》的数据显示，本土火锅企业和门店数量庞大，形成了从火锅食材基地、加工到贸易、消费的全产业链。在全国70多万家火锅门店中，重庆火锅达20多万家，占据近三分之一的市场份额，产业链收入超过4000亿元，其中火锅底料规模超过200亿元。这一数据充分展示了重庆火锅产业的强劲实力和广泛影响力。

重庆火锅的魅力不仅限于国内，还远播海外。目前，重庆火锅已在美国、英国、日本等20多个国家和地区开设门店，总数超过130家。这一成绩不仅让重庆火锅成为国际美食的代表，也为重庆的国际化发展注入了新的活力。

为了进一步擦亮这张美食名片，推动产业高质量发展，重庆近年来动作频繁。政府提出打造“33618”现代制造业集群体系，将火锅食材列为重点发展产业之一；重庆市人民政府市长胡衡华在作政府工作报告时称，2024年，重庆市将大力发展乡村产业，做好“土特产”文章，聚力打造火锅食材、粮油、生态畜牧三大千亿级产业；同时，还印发了《推进火锅产业高质量发展的意见》，提出了到2035年成功创建世界火锅之都的目标。

重庆火锅之所以能够在国内外市场上大放异彩，离不开其独特的“火锅精神”。这种精神体现在兼容并包的菜品选择、热情好客的服务态度以及不断创新的发展理念上。正是这种精神，让重庆火锅成了展示这座城市“热辣滚烫”一面的最佳窗口。

三、随时“变脸”的川剧

川剧，这一源自中国西南地区的传统剧种，以其独特的艺术魅力和深厚的文化底蕴，成了中国戏曲宝库中的一颗耀眼明珠。川剧主要流行于四川东中部、重庆及贵州、云南的部分地区，是汉族戏曲的重要组成部分。

川剧的形成融合了高腔、昆曲、胡琴（即皮黄）、弹戏（即梆子）和四川民间灯戏5种声腔艺术，这些声腔的交融赋予了川剧丰富多样的音乐表现形式。川剧的表演艺术中，脸谱是不可或缺的重要元素，它不仅是历代川剧艺人共同创造并传承下来的艺术瑰宝，也是展现角色性格和情感的重要手段。

川剧的行当划分细致，包括小生、须生、旦、花脸和丑角5个主要行当。每个行当都有其自成体系的功法程序，特别是在"三小"（小丑、小生、小旦）的表演上，川剧展现出了卓越的创造力和艺术魅力。这些表演能够充分体现中国戏曲虚实相生、以形写意的美学特色，让观众在欣赏精彩剧情的同时，也能感受到中国传统文化的深厚底蕴。

川剧的历史悠久，早在明代就有戏班在四川各地演出。虽然川剧的名称始见于清末民初，但其源流沿革可以追溯到晚唐的"杂剧"和南宋的"川杂剧"。川剧高腔的历史地位也备受关注，有人认为它早于江西的"弋阳腔"，而清代蜀伶魏长生所唱的秦腔也被认为是四川之"秦腔"。这些不同的说法都展现了川剧深厚的历史文化底蕴和学术研究价值。

在川剧的舞台上，变脸艺术被运用得炉火纯青。演员们身着华丽的戏服，头戴精美的头饰，在音乐的伴奏下，舞动长袖，穿梭于舞台之间。随着剧情的发展，他们的面部妆容也在瞬间发生了变化。或喜笑颜开，或怒目圆睁，或悲恸欲绝，每一次变脸都让观众屏息凝神，仿佛置身于一个奇幻的世界。

2006年5月20日，川剧经国务院批准列入第一批国家级非物质文化遗产名录，这是对川剧艺术价值的高度认可。川剧以其独特的艺术风格和深厚的文化底蕴，成为中国传统文化的瑰宝之一，值得我们每一个人去欣赏和传承。

四、悠久和谐的宗教

重庆，这座位于中国西南部的直辖市，不仅以其独特的山水风光和美食文化闻名于世，更以其丰富的宗教资源和多元的宗教文化吸引着无数游客和信徒。从佛教的慈悲与智慧，到道教的超脱与自然，再到伊斯兰教的虔诚与信仰，以及天主教和基督教的救赎与希望，重庆的宗教文化体现了多元融合与和谐共存的精神。

佛教在重庆有着深厚的历史渊源。观音菩萨作为佛教中慈悲和智慧的象征，在重庆的观音庙、观音寺、观音阁等宗教场所中受到广泛崇拜。大足石刻作为世界文化遗产，以其精湛的佛教造像艺术展现了重庆深厚的佛教文化底蕴。这些石刻不仅承载着千年的佛教历史，更成为研究佛教艺术和宗教文化的重要载体。

道教在重庆也有着悠久的传统。老君洞作为全真龙门派丛林道观，以其古朴典雅的建筑风格和深厚的道教文化底蕴吸引着众多信徒和游客。万州太白岩的晋代道教遗迹“绝尘龛”以及潼南大佛寺附近的定明山石刻道教人物造像等，都是重庆道教文化的重要体现。这些道教遗迹不仅展现了道教文化的独特魅力，更成了重庆历史文化的重要组成部分。

伊斯兰教在重庆也有一定的信徒基础。清真寺作为伊斯兰教的宗教场所，在重庆共有8座，为信徒提供了宗教活动和信仰交流的场所。这些清真寺不仅体现了伊斯兰教的宗教特色，也成为重庆多元文化的重要组成部分。

天主教和基督教在重庆也有一定的信仰群体。天主教于清康熙年间传入重庆，并在1856年成立了川东南代牧区（重庆教区）。基督教（新教）在重庆实行联合礼拜制度，信徒数量也相当可观。这些宗教团体不仅为信徒提供了宗教服务和信仰支持，更在促进重庆社会和谐与文化交流方面发挥了积极作用。

除了丰富的宗教资源，重庆还是少数民族聚居的地区之一。第六次全国人口普查数据显示，重庆市共有少数民族人口193.71万。这些少数民族主要分布在渝东南民族地区一区四县等区域，以土家族和苗族为主。这些少数民族不仅丰富了重庆的文化多样性，更促进了不同民族之间的交流与融合。

第六节　教育

一、重庆市学前教育发展情况概述

重庆市作为中国西南地区重要的城市之一，学前教育在这里得到了充分的发展。政府加大了对学前教育的投入，提出了一系列政策和措施，以促进学前教育的发展。重庆市政府先后出台了《重庆市学前教育行动计划（2019—2022年）》等相关文件，为学前教育的改革与发展提供了指引和框架。据统计，截至2024年初，重庆已建成各类幼儿园1320所，招生规模超过30万人。在学前教育的普及率方面，重庆也取得了显著的进步。相关数据显示，重庆市幼儿入园率已达到95%以上，远超国家平均水平。

二、重庆市义务教育发展情况概述

最新统计年鉴数据显示，截至2022年，重庆市义务教育学校共3480所，其中普通小学2637所，普通初中843所；义务教育阶段在校生3164210人，包括普通小学在校生2031938人，普通初中在校生1132272人；毕业生740774人，包括普通小学毕业生344028人，普通初中毕业生396746人；教职工数，普通小学137282位，普通中学150461位；专任教师，普通小学134050位，普通初中85541位。以上数据除普通小学毕业生人数和普通初中专任教师人数略低于2021年，其余数据均高于2021年数据。小学学龄儿童入学率99.99%，初中适龄人口入学率99.91%，小学毕业生升学率100%，初中毕业生升学率99.47%。由此可见，重庆市将把义务教育优质均衡发展作为建设教育强市的战略先导，筑牢均衡之基、厚积优质之本、走好长远之路，通过义务教育从基本均衡迈向优质均衡的“高位进阶”带动基础教育高质量发展，为建设社会主义现代化新重庆贡献教育力量。

全市教职工人数313304位，其中普通小学137282位，普通中学150461位，中等职业25561位。

重庆市教育委员会发布《重庆市财政局关于2022年地方教育经费执行情况的通告》，2022年全市义务教育生均一般公共预算教育经费情况：普通小学为14043.45元，比上年增长2.25%，增长最快的是万盛经开区（15.28%）；普通初中为17862.56元，比上年增长0.55%，增长最快的是万盛经开区（23.55%）。生均一般公共预算教育事业费支出情况：普通小学为13193.73元，比上年增长1.92%，增长最快的是长寿区（16.62%）；普通初中为16868.73元，比上年增长2.5%，增长最快的是綦江区（20.21%）。生均一般公共预算公用经费支出情况：普通小学为3397.52元，比上年增长0.01%，增长最快的是长寿区（44.83%）；普通初中为4505.71元，比上年增长2.15%，增长最快的是大渡口区（65.27%）。

三、重庆市高等教育发展情况概述

高等教育阶段，最新统计年鉴数据显示，2022年本市共有高等学校75所，包括普通高等学校70所、成人高等学校3所。高等教育在校学生数达1393942人，其中硕士研究生在校生共95668人，博士研究生在校9806人，与2021年硕士研究生88497人、博士研究生8905人相比有一定的增长。普通本科在校生532586人；普通专科在校生522175人，与上年相比，普通专、本科在校生总数略有提升。

四、重庆市职业教育发展情况概述

在现代职业教育体系中，中等职业教育具有举足轻重的地位。它承担着培养技术技能人才的重任，同时也为高等职业教育输送了大量合格生源。这一教育层次的发展，对于优化教育结构、促进教育公平、推动教育现代化具有重要意义，同时也是推动高质量经济发展的关键支撑。重庆，作为西部地区的经济中心和现代制造业基地，近年来在中等职业教育领域取得了显著成效。面对行业发展和产业结构调整的挑战，重庆积极响应，不断探索和创新中等职业教育的发展路径。2022年，重庆有中等职业学校178所，专教职工25561人，专任教师22875人；中等职业教育在校生487756人，毕业生134725人。

在优化专业结构方面，重庆根据市场需求和产业发展趋势，对中等职业学校的专业布局进行了动态调整。通过优化专业结构，确保教育内容与实际需求紧密对接，为产业链的发展提供有力的人才支持。

同时，重庆还注重推动中等职业教育内涵式发展。通过实施“城校互动”“园校互动”等项目，加强学校与城市、园区之间的合作与交流，提升中等职业教育的实践性和应用性。这些举措不仅丰富了学生的实践经验，也为学生提供了更多的实习和就业机会。

在政策制定方面，重庆市政府出台了一系列政策措施，规范中等职业教育的发展。这些政策旨在明确中等职业教育的发展方向和目标，提升教育质量和水平，为中等职业教育的发展提供有力保障。

通过制定和执行这些政策，重庆市政府为中等职业院校的发展指明了方向，同时也为中等职业教育的发展提供了制度保障。这些政策的实施，不仅提升了中等职业教育的社会认可度，也为学生提供了更加优质的教育资源和更加广阔的发展空间。

第七节 经济

一、全市三次产业

（一）经济规模

从表4-2可知，重庆经济规模逐步扩大，由2008年的5899.49亿元增加到2022年的29129.03亿元，增加了23229.54亿元，2022年是2008年的4.94倍。其中第一产业从2008年的555.05亿元增加2022年的2012.05亿元，有着极大的进步；第二产业发展迅速，从2008年的2651.79亿元增加到2022年的11693.86亿元，增幅极大，势态喜人；第三产业发展也十分迅猛，从2008年的2692.65亿元增加到2022的15423.12亿元，增加了12730.47亿元，2022年是2008年的5.73倍。

表4-2 产业规模

单位：亿元

	2008年	2009年	2010年	2011年	2012年	2013年	2014年	2015年
本市生产总值	5899.49	6651.22	8065.26	10161.17	11595.37	13027.60	14623.78	16040.54
第一产业	555.05	581.05	649.48	794.14	879.67	941.24	990.75	1067.72
第二产业	2651.79	3016.81	3624.12	4571.26	5308.14	5988.62	6774.58	7208.01
第三产业	2692.65	3053.36	3791.66	4795.77	5407.56	6097.74	6858.45	7764.81
年份	2016年	2017年	2018年	2019年	2020年	2021年	2022年	
本市生产总值	18023.04	20066.29	21588.80	23605.77	25041.43	28077.28	29129.03	

续表

第一产业	1236.98	1276.09	1378.68	1551.59	1803.54	1921.91	2012.05	
第二产业	7765.38	8455.02	8842.23	9391.96	9969.55	11217.26	11693.86	
第三产业	9020.68	10335.18	11367.89	12662.22	13268.34	14938.11	15423.12	

资料来源：根据《重庆市统计年鉴》整理、计算得到。

（二）结构

从表4-3可知，在三次产业中，第一产业占比非常低，除了2008年占比9.4%，基本稳定在7%~8%的区间内。第二产业占比呈下降态势，2008—2016年9年间维持在44%左右，2017—2022年逐步下降至40%左右。而第三产业占比略高于第二产业，且占比逐年上升，由2008年的45.7%逐渐上升到2022年的53.0%，长势良好。

表4-3　三次产业占比

单位：%

	2008年	2009年	2010年	2011年	2012年	2013年	2014年	2015年
第一产业	9.4	8.7	8.1	7.8	7.6	7.2	6.8	6.7
第二产业	44.9	45.4	44.9	45.0	45.8	46.0	46.3	44.9
第三产业	45.7	45.9	47.0	47.2	46.6	46.8	46.9	48.4
年份	2016	2017	2018	2019	2020	2021	2022	
第一产业	6.9	6.4	6.4	6.6	7.2	6.8	6.9	
第二产业	43.1	42.1	41.0	39.8	39.8	40.0	40.1	
第三产业	50.0	51.5	52.6	53.6	53.0	53.2	53.0	

资料来源：根据《重庆市统计年鉴》整理、计算得到。

（三）三次产业贡献率

从表4-4可知，第一产业对经济增长的贡献先降低后升高；第二产业对经济增长的贡献总体呈下降趋势，最低为2018年22.6%；第三产业对经济增长的贡献相对比较稳定，虽然2008—2010年间占比较低，但随后的几年基本维持在40%~50%区间内，2018年更是达到了73.0%，随后略微下降，2020年降至37.9%。

表4-4　三次产业贡献率

单位：%

	2008年	2009年	2010年	2011年	2012年	2013年	2014年	2015年
第一产业	4.8	3.5	3.2	2.5	2.9	2.6	2.5	2.6
第二产业	61.5	61.0	68.8	57.4	56.9	50.4	56.1	49.9
第三产业	33.7	35.5	28.0	40.1	40.2	47.0	41.4	47.5
工业	56.8	51.0	59.5	47.4	48.1	39.9	44.6	37.7
建筑业	7.8	11.0	9.4	9.2	10.2	13.7	12.0	12.8
年份	**2016年**	**2017年**	**2018年**	**2019年**	**2020年**	**2021年**	**2022年**	
第一产业	2.9	2.7	4.4	3.4	6.9	6.6	11.1	
第二产业	47.5	45.2	22.6	45.3	55.2	34.1	49.7	
第三产业	49.6	52.1	73.0	51.3	37.9	59.3	39.2	
工业	33.7	35.3	6.4	34.1	46.2	32.2	32.3	
建筑业	14.3	18.8	21.1	13.2	9.7	9.8	13.4	

资料来源：根据《重庆市统计年鉴》整理、计算得到。

二、三大需求贡献率

从表4-5可知，从2008—2021年，最终消费支出和资本形成总额对经济增长的贡献较大。货物服务净流出在多数年份保持较低水平，说明其对经济增长的贡献十分有限。需要注意的是，由于2020年突发疫情，本市最终消费支出由稳定在45%左右骤降至23.9%，这反映出疫情对人民消费意愿的冲击以及给人民收入带来的负面影响较大，这也印证了前文所述：重庆市对突发公共卫生情况的应对能力不够强，需要进一步投入人力、物力、财力加以建设。

表4-5　三大需求贡献率

单位：%

	2008年	2009年	2010年	2011年	2012年	2013年	2014年
最终消费支出	39.7	47.6	40.6	39.0	53.2	48.6	47.0
资本形成总额	50.8	79.3	54.3	57.1	42.5	47.8	52.4
货物服务净流出	9.5	–26.9	5.0	3.9	4.3	3.6	0.6
	2015年	2016年	2017年	2018年	2019年	2020年	2021年
最终消费支出	49.3	50.8	56.0	38.7	51.4	23.9	46.9
资本形成总额	48.0	50.6	43.5	61.2	48.4	75.4	53.1
货物服务净流出	2.7	–1.4	0.5	0.1	0.2	0.7	0.0

资料来源：根据《重庆市统计年鉴》整理、计算得到。

第二篇

文化产品国际竞争力分析

第五章

北京文化产品国际竞争力分析

第一节　文化产品进出口规模分析

文化产品进出口能反映出一个国家或者一个地区文化产品的竞争力，所以本章查找了北京市2015—2022年的数据，分析北京市文化产品进出口的情况。表5-1是北京市2015—2022年文化产品进出口总体情况。

表5-1　2015—2022年北京市文化产品进出口总体情况

单位：百万美元

项目	2015年	2016年	2017年	2018年	2019年	2020年	2021年	2022年
文化产品出口	436.13	440.13	478.11	397.18	417.43	292.50	394.10	465.02
文化产品进口	1822.93	1935.36	2035.26	1954.96	1480.41	1318.64	1591.44	1525.2
文化产品进出口总额	2259.06	2375.49	2513.37	2352.14	1897.84	1611.14	1985.54	1990.22
文化产品进出口差额	-1386.8	-1495.23	-1557.15	-1557.78	-1062.98	-1026.14	-1197.34	-1060.18

资料来源：中华人民共和国海关总署。

2015—2022年北京市对外文化贸易规模逐渐扩大，文化产品出口额从2015年的436.13百万美元发展到2022年的465.02百万美元；文化产品进口额2015—2017年逐年增加，2018—2022年先下降后上升。2015—2022年，文化产品进出口差额先上升后下降，总体维持相对稳定，进出口差额从2015年的-1386.8百万美元降至2022年的-1060.18百万美元，北京市文化产品进口额远大于文化产品出口额，存在较大逆差，这也说明北京市比较重视国外文化产品的引进。

一、手工艺品

从表5-2可以看出，2015—2022年，北京手工艺品出口额总体上呈现出一种波动中略有增长的趋势。手工艺品出口从2015年的128.73百万美元增长至2022年的152.98百万美元，其中，2020—2021年的增长幅度最大，达到38.1%。

表5-2 2015—2022年北京手工艺品进出口规模

单位：百万美元

项目	2015年	2016年	2017年	2018年	2019年	2020年	2021年	2022年
北京出口额	128.73	162.65	158.85	146.83	137.00	122.22	168.79	152.98
北京进口额	37.23	31.21	32.95	55.11	34.24	31.57	28.6	23.47

资料来源：中华人民共和国海关总署。

2015—2022年北京手工艺品进口额呈现出一定的波动性，从2015年的37.23百万美元下降至2022年的23.47百万美元，8年间下降了13.76百万美元。其中，2017—2018年进口额呈现显著增长，达到55.11百万美元，增长了约67.3%。

总体来说，手工艺品出口额可能受到多种因素的影响，这可能与手工艺品市场的竞争态势以及北京本地手工艺产业的发展状况有关。尽管存在波动，但整体上北京手工艺品出口仍具有一定的韧性和增长潜力，而手工艺品进口额整体上并没有形成明确的长期趋势，未来手工艺品的进口额可能还会继续波动。

二、设计

从表5-3可以看出，2015—2022年北京设计出口额呈现出波动变化的趋势。其中，在2015—2017年，设计出口额呈现增长的趋势，从2015年的93.05百万美元上升至2017年的204.84百万美元，随后在2018—2020年出现下降，之后在2021—2022年又有所回升。这可能与疫情得到控制，国际贸易逐步恢复，出口额逐渐回升有关。2015—2022年北京设计进口额总体是增长的，从2015年的433.6百万美元增长到2022年的504.32百万美元，8年间增长了70.72百万美元，北京设计进口额在逐渐增长。这可能与全球疫情得到一定程度的控制后，国际贸易逐步恢复有关。同时，北京地区可能也在积极调整设计进口策略，以适应市场需求和外部环境的变化。

表5-3 2015—2022年北京设计进出口规模

单位：百万美元

项目	2015年	2016年	2017年	2018年	2019年	2020年	2021年	2022年
北京出口额	93.05	147.43	204.84	150.41	137.94	86.12	114.3	141.8
北京进口额	433.6	499.35	558.62	523.32	390.77	378.27	492.89	504.32

资料来源：中华人民共和国海关总署。

三、新媒体

从表5-4可以看出，2015—2022年北京新媒体出口额整体呈现波动下降的趋势，从2015年的40.97百万美元下降至2022年的11.49百万美元。其中，2021—2022年，新媒体出口额从8.95百万美元上升至11.49百万美元，有向上发展的态势。

表5-4　2015—2022年北京新媒体进出口规模

单位：百万美元

项目	2015年	2016年	2017年	2018年	2019年	2020年	2021年	2022年
北京出口额	40.97	19.73	14.58	12.11	9.35	10.99	8.95	11.49
北京进口额	3.18	3.48	5.66	4.29	8.51	11.97	15.48	27.28

资料来源：中华人民共和国海关总署。

2015—2022年北京新媒体进口额整体呈现上升的趋势，从2015年的3.18百万美元增长至2022年的27.28百万美元，8年间增加了24.1百万美元。其中，2021—2022年的增长幅度最大，达到76.23%，这可能与北京设计的需求量增加有关。

四、表演艺术

从表5-5可以看出，2015—2022年北京表演艺术出口额从2015年的63.93百万美元增长到2022年的93.05百万美元，8年间增长了29.12百万美元。其中，2016—2018年表演艺术出口额逐渐增加，之后2019—2020年开始回落，总体上呈现增长的趋势，尤其是2021—2022年的增长幅度最大，达到146.75%。

表5-5　2015—2022年北京表演艺术进出口规模

单位：百万美元

项目	2015年	2016年	2017年	2018年	2019年	2020年	2021年	2022年
北京出口额	63.93	38.86	59.88	50.39	46.84	31.98	37.71	93.05
北京进口额	1150.66	1204.4	1212.07	1075.99	747.22	695.39	872.25	835.84

资料来源：中华人民共和国海关总署。

2015—2022年北京表演艺术进口额整体呈现下降的趋势，从2015年的1150.66百万美元下降至2022年的835.84百万美元，8年间下降了314.82百万美元。

总体来说，北京表演艺术出口规模逐渐扩大，有向上发展的态势，表演艺术进口规模开始平稳发展。

五、出版

从表5-6可以看出，2015—2022年北京出版出口额从2015年的36.88百万美元下降至2022年的17.34百万美元，8年间下降了19.54百万美元。其中，2015—2021年出现了逐年下降的情况，但2022年开始回升。

表5-6 2015—2022年北京出版进出口规模

单位：百万美元

项目	2015年	2016年	2017年	2018年	2019年	2020年	2021年	2022年
北京出口额	36.88	27.29	26.9	22.43	22.24	14.51	14.26	17.34
北京进口额	160.75	185.3	210.18	264.87	225.51	193.38	171.21	120.71

资料来源：中华人民共和国海关总署。

2015—2022年北京出版进口额整体呈现下降的趋势，北京出版进口额从2015年的160.75百万美元下降至2022年的120.71百万美元，8年间下降了40.04百万美元。其中，2015—2018年出版进口额逐年上升，从2019年开始逐年下降。

六、视觉艺术

从表5-7可以看出，2015—2022年北京视觉艺术出口额整体呈现波动下降的趋势，从2015年的72.57百万美元下降至2022年的48.36百万美元，8年间下降了24.21百万美元。其中，2015—2017年逐渐下降，在2018—2019年逐渐回升，然后在2020年又逐渐下降，2021年又逐渐上升。

表5-7　2015—2022年北京视觉艺术进出口规模

单位：百万美元

项目	2015年	2016年	2017年	2018年	2019年	2020年	2021年	2022年
北京出口额	72.57	44.17	13.07	15.00	64.06	26.66	50.10	48.36
北京进口额	37.51	11.62	15.78	31.38	74.16	8.06	11.01	13.58

资料来源：中华人民共和国海关总署。

2015—2022年北京视觉艺术进口额整体也呈现波动下降的趋势，从2015年的37.51百万美元下降至2022年的13.58百万美元，8年间下降了23.93百万美元。其中，2016—2019年视觉艺术进口额逐年上升，随后在2020年开始下降，不过2021—2022年逐渐上升，表明视觉艺术进口情况有向上增长的趋势。

第二节　文化产品进出口结构分析

从表5-8可以看出，北京手工艺品出口的占比较高，平均占比达35%，这表明手工艺品在北京市文化产品出口中极其重要。2015—2022年设计出口额平均占比达32%左右，整体上设计出口额占比也较大，这说明北京市很注重设计出口。新媒体出口占比情况相对较小，8年间平均占比3%左右，反映了新媒体出口在北京市文化产品出口中占比不高。从占比情况来看，北京市表演艺术从2015年的14.66%发展到2022年的20.01%，8年间增长了5.35%，各年间的出口占比都很稳定，幅度变化不大，表演艺术出口整体上在北京市文化产品出口中趋于相对稳定。出版出口占比较小。从出口占比情况来看，视觉艺术出口占比在2017年和2018年这两年占比相对最小，其余年份占比除了2020年外均高于10%，从整体的占比情况来看，视觉艺术出口占比相对比出版出口占比高。

表5-8 2015—2022年北京市文化产品出口结构

单位：%

项目	2015年	2016年	2017年	2018年	2019年	2020年	2021年	2022年
手工艺品占比	29.52	36.95	33.22	36.97	32.82	41.78	42.83	32.90
设计占比	21.34	33.50	42.84	37.87	33.05	29.44	29.00	30.49
新媒体占比	9.39	4.48	3.05	3.05	2.24	3.76	2.27	2.47
表演艺术占比	14.66	8.83	12.52	12.69	11.22	10.93	9.57	20.01
出版占比	8.46	6.20	5.63	5.65	5.33	4.96	3.62	3.73
视觉艺术占比	16.64	10.04	2.73	3.78	15.35	9.11	12.71	10.40

资料来源：根据统计结果计算得出。

从表5-9可以看出，北京表演艺术进口的占比较高，8年间平均占比达94.75%，出版进口占比也相对较高，平均占比达89.14%。2015—2022年设计进口平均占比达78.12%，北京市新媒体进口占比从2015年的7.20%上升到2022年的70.36%，8年间增长了63.16%。手工艺品进口占比相对较小，8年间平均占比为18.92%，视觉艺术平均占比为36.76%。

表5-9 2015—2022年北京市文化产品进口结构

单位：%

项目	2015年	2016年	2017年	2018年	2019年	2020年	2021年	2022年
手工艺品占比	22.43	16.10	17.18	27.29	20.00	20.53	14.49	13.30
设计占比	82.33	77.21	73.17	77.68	73.91	81.46	81.18	78.05
新媒体占比	7.20	14.99	27.96	26.16	47.65	52.13	63.36	70.36
表演艺术占比	94.74	96.87	95.29	95.53	94.10	95.60	95.86	89.98

续表

项目	2015年	2016年	2017年	2018年	2019年	2020年	2021年	2022年
出版占比	81.34	87.16	88.65	92.19	91.02	93.02	92.31	87.44
视觉艺术占比	34.08	20.83	54.70	67.66	53.65	23.21	18.02	21.92

资料来源：根据统计结果计算得出。

总体而言，从文化产品出口占比情况来看，北京手工艺品和设计出口占比较高，说明北京注重对手工艺品和设计的出口。

同时也要重视对新媒体、视觉艺术的出口。从文化产品进口占比情况来看，北京表演艺术和出版进口占比较大，表明北京重视对表演艺术的发展，积极吸收外来表演艺术。

第三节　文化产品国际竞争力分析

表5–10是2015—2022年世界文化产品进出口情况，从表5–10中可以看出，每年的世界文化产品进出口数据相差不大，总体上存在贸易逆差的情况。世界文化产品出口从2015年的257746.48百万美元发展到2022年的303669.84百万美元，8年间增长了45923.36百万美元。同样，世界文化产品进口从2015年的274961.42百万美元发展到2022年的320358.20百万美元，8年间增长了45396.78美元，进出口8年间的增长数据相差不大，这说明了世界文化产品进出口增长情况保持着相对稳定。特别是疫情放开之后，从表5–10中2021年和2022年的进出口数据也可以看出，放开之后有明显大幅的增长，这也说明了世界各国更加注重文化产品的输出和输入。

表5-10 2015—2022年世界文化产品进出口情况

单位：百万美元

项目	2015年	2016年	2017年	2018年	2019年	2020年	2021年	2022年
世界文化产品出口	257746.48	257417.70	278176.32	276211.81	325633.09	286784.43	350043.87	303669.84
世界文化产品进口	274961.42	264243.50	280517.47	273536.66	297570.18	274519.40	328903.09	320358.20

资料来源：联合国贸易数据库。

表5-11是2015—2022年中国的总出口额情况，可以看出从2015年的2273468.22百万美元发展到2022年的3593601.44百万美元，8年间出口额增长了1320133.22百万美元。其中2021年的增长最多，这说明疫情之后我国的商品出口额有了明显的增加。

表5-11 2015—2022年中国出口总额

单位：百万美元

项目	2015年	2016年	2017年	2018年	2019年	2020年	2021年	2022年
中国的总出口额	2273468.22	2097637.17	2263370.50	2486439.72	2499206.99	2589098.35	3362301.61	3593601.44

资料来源：联合国贸易数据库。

表5-12是2015—2022年世界的产品出口情况，从中可以看出，从2015年的16132946.42百万美元发展到2022年的20482337.38百万美元，8年间增长了4349390.96百万美元，其中2020年出现下降，但2021年又大幅增长，这说明疫情给世界产品的出口带来了不小的影响。

表5-12　2015—2022年世界的产品总出口额

单位：百万美元

项目	2015年	2016年	2017年	2018年	2019年	2020年	2021年	2022年
世界的产品总出口额	16132946.42	15679404.53	17254936.92	18956785.95	18365309.81	17132812.41	21603543.54	20482337.38

资料来源：联合国贸易数据库。

表5-13是2015—2022年北京市商品出口总额情况，从中可以看出，从2015年的54666.82百万美元发展到2022年的88095.55百万美元，8年间增长了33428.73百万美元。其中，2021年的增长速度最快，2020年有小幅度的下降，但总体处于向上发展的状态。

表5-13　2015—2022年北京市商品出口总额

单位：百万美元

项目	2015年	2016年	2017年	2018年	2019年	2020年	2021年	2022年
北京市商品出口总额	54666.82	51909.32	58565.99	74079.28	75050.91	67149.37	94705.18	88095.55

资料来源：中华人民共和国北京海关。

一、IMS指标

国际市场占有率计算公式：IMS=$\frac{Xij}{Xiw}$，其中Xij表示j国出口i商品的出口值；Xiw表示全球出口i商品的出口值。此处以文化产品为例，表5-14表示的是2015—2022年北京文化产品出口国际市场的占有率。

表5-14　2015—2022年北京文化产品IMS

项目	2015年	2016年	2017年	2018年	2019年	2020年	2021年	2022年
北京	436.13	440.13	478.11	397.18	417.43	292.50	394.10	465.02

续表

项目	2015年	2016年	2017年	2018年	2019年	2020年	2021年	2022年
世界	257746.48	257417.7	278176.32	276211.81	325633.09	286784.43	350043.87	303669.84
IMS	0.17%	0.17%	0.17%	0.14%	0.13%	0.10%	0.11%	0.15%

资料来源：联合国贸易数据库和中华人民共和国海关总署。

从表5-14可以看出，2015—2022年北京文化产品IMS整体呈现波动增长趋势，2015—2017年，维持相对稳定，均保持在0.17%。在2018—2020年有所下降，但总体上北京文化产品IMS一直在增长，尤其是2020—2022年这3年，IMS一直在逐渐增加，这说明了北京文化产品国际竞争力在逐渐增强。

从表5-15可以看出，北京文化产品各分项的国际市场占有率处于较低的水平，相比之下，手工艺品和设计的国际市场占有率相对较高，手工艺品8年平均国际市场占有率为0.05%，设计平均国际市场占有率为0.04%，而新媒体、出版和视觉艺术国际市场占有率在个别年份为0，北京应注重对新媒体和出版的国际发展，加大对新媒体和出版产品国际发展的支持力度，提高它们的国际市场占有率。与此同时，北京还应全面推动文化产品的多元化发展，提高国际市场占有率。

表5-15 2015—2022年北京文化产品分项IMS

项目	2015年	2016年	2017年	2018年	2019年	2020年	2021年	2022年
手工艺品	0.05%	0.06%	0.06%	0.05%	0.04%	0.04%	0.05%	0.05%
设计	0.04%	0.06%	0.07%	0.05%	0.04%	0.03%	0.03%	0.05%
新媒体	0.02%	0.01%	0.01%	0.00%	0.00%	0.00%	0.00%	0.00%
表演艺术	0.02%	0.02%	0.02%	0.02%	0.01%	0.01%	0.01%	0.03%
出版	0.01%	0.01%	0.01%	0.01%	0.01%	0.01%	0.00%	0.01%
视觉艺术	0.03%	0.02%	0.00%	0.01%	0.02%	0.01%	0.01%	0.02%

资料来源：根据统计结果计算得出。

二、TC指标

贸易竞争力指数计算公式：TC=$\frac{Xi-Mi}{Xi+Mi}$，*Xi*表示出口额，*Mi*表示进口额。表5–16反映的是2015—2022年北京市文化产品贸易竞争力指数。

表5–16　2015—2022年北京市文化产品TC指数

项目	2015年	2016年	2017年	2018年	2019年	2020年	2021年	2022年
贸易竞争力指数	−0.61	−0.63	−0.62	−0.66	−0.56	−0.64	−0.60	−0.53

资料来源：根据统计结果计算得出。

贸易竞争力指数越接近于0，表示竞争力越接近于平均水平，指数为–1时表示该产业只进口不出口，越接近于–1表示竞争力越薄弱；该指数为1时表示该产业只出口不进口，越接近于1则表示竞争力越强。表5–16中2015—2022年北京市文化产品贸易指数都是负值，从2015年的–0.61上升到2022年的–0.53，其文化产品贸易竞争力指数向0靠近，表明北京文化产品竞争力处于平均水平，且呈现竞争力不断增强的趋势。

从表5–17可以看出，北京手工艺品贸易竞争力指数在逐渐向1靠近，从2015年的0.55发展到2022年的0.73，表明其竞争力在逐渐增强，总体上维持相对稳定，2020—2022年在逐年增加，这也说明北京逐渐重视手工艺品等传统文化的输出。北京设计贸易竞争力指数都是负值，从2015年的–0.65发展到2022年的–0.56，虽然出现了上升，但整体向–1靠拢，这表明其竞争力在逐渐变弱，整体竞争力表现不强。北京市新媒体贸易竞争力指数从2015年的0.86下降至2022年的–0.41，竞争力逐渐变弱，特别是2020—2022年这3年贸易竞争力指数表现为负值，表明北京新媒体竞争力在减弱，整体竞争优势不大。北京表演艺术贸易竞争力指数呈现出负值，并且指数向–1靠拢，表明北京表演艺术竞争力较弱，整体竞争力不强，从2015年的-0.89上升至2022年的-0.80，虽然总体上增加了，但这8年间都是负值，其贸易竞争力较弱。北京出版贸易竞争力指数在2015—2022年这8年间都是负值，并且整体贸易指数向-1靠拢，表明北京市出版贸易竞争力较弱，整体竞争力不强，但整体的贸易竞争力指数趋于相对稳定。表明北京市出版竞争力虽然弱但总体很稳定，并且也在逐渐向上发展。北京视觉艺术贸易竞争力指数从2015年的0.32增加至2022年的0.56，8年间上升了0.24，但2017—2019年这3年间指数呈现负值，表明这3年视觉艺术竞争力较弱，在其他年份北京视觉艺术贸易竞争力指数在0.5左右且在向1靠拢，这表明视觉艺术竞争力在逐渐增强。

表5-17　2015—2022年北京文化产品（分项）的TC指数

项目	2015年	2016年	2017年	2018年	2019年	2020年	2021年	2022年
手工艺品	0.55	0.68	0.66	0.45	0.60	0.59	0.71	0.73
设计	-0.65	-0.54	-0.46	-0.55	-0.48	-0.63	-0.62	-0.56
新媒体	0.86	0.70	0.44	0.48	0.05	-0.04	-0.27	-0.41
表演艺术	-0.89	-0.94	-0.91	-0.91	-0.88	-0.91	-0.92	-0.80
出版	-0.63	-0.74	-0.77	-0.84	-0.82	-0.86	-0.85	-0.75
视觉艺术	0.32	0.58	-0.09	-0.35	-0.07	0.54	0.64	0.56

资料来源：根据统计结果计算得出。

三、RCA指标

显性比较优势指数计算公式：$RCA=\frac{Xij / Xtj}{Xiw+Xtw}$。其中*Xij*表示*j*国出口*i*商品的出口值；*Xtj*表示*j*国出口总值；*Xiw*表示全球出口*i*商品的出口值；*Xtw*表示全球总出口值。表5-18以北京市和中国文化产品出口为例，表示了2015—2022年北京市文化产品出口显性比较优势指数。

表5-18 2015—2022年北京文化产品在中国的显性比较优势指数

项目	2015年	2016年	2017年	2018年	2019年	2020年	2021年	2022年
北京文化产品占北京总出口的比例(%)	0.80	0.85	0.82	0.54	0.56	0.44	0.42	0.53
中国文化产品占中国总出口的比例(%)	2.72	2.86	3.07	2.99	3.25	3.28	3.23	3.24
RCA	0.29	0.30	0.27	0.18	0.17	0.13	0.13	0.16

资料来源：根据统计结果计算得出。

显性比较优势指数可以反映一个国家或者地区的某一产业的比较优势，比较优势指数大于2.5，表示竞争力极强，1.25至2.5之间表示较强，而小于0.8则表示竞争力较弱。表5-18反映了北京市文化产品出口显性比较优势指数，从数据可以看出，2015—2022年北京文化产品在中国的显性比较优势指数在0.8以下，表明其竞争力较弱。但显性比较优势指数从2020年的0.13上升到2022年的0.16，这说明北京市文化产品的竞争能力在逐渐增强。

从表5-19可以看出，北京手工艺品显性比较优势指数在0.8以下，表明其竞争力较弱，2019—2021年维持在0.3左右，而2022年减少到0.29，总体呈现表现力弱的趋势。北京设计显性比较优势指数在0.8以下，表明其竞争力较弱，显性比较优势指数在2015—2017年上升，从0.17上升到0.26，说明这3年北京设计出口竞争力在逐渐增强。从2018年开始减少，从0.15减少到0.07，一直持续到2021年，说明这4年设计出口竞争力在逐渐减弱，2022年有较小幅度的上升，但总体表现力较弱，竞争优势较弱。北京新媒体显性比较优势指数在0.8以下，表明其竞争力较弱。显性比较优势指数从2015年的0.15下降到2022年的0.02，整体上表现较弱，竞争力较弱。2015—2022年北京表演艺术显性比较优势指数均在0.8以下，竞争力较弱，从2015年的0.23上升至2022年的0.38，可以看出2021—2022年北京表演艺术显性比较优势指数呈上升趋势，表明竞争力有所增强。北京市出版显性比较优势指数从2015年的0.70发展到2022年的0.29，整体上呈现减少趋势，其中2019—2021年维持相对稳定。2015—2022年北京视觉艺术显性比较优势指数从1.30发展到0.50，整体呈下降趋势，其中2015年指数处于1.25~2.5区间，表明2015年北京视觉艺术竞争力较强，虽然指数整体呈下降趋势，但2022年较2021年实现反弹，表明北京视觉艺术竞争力有增强趋势。

表5-19　2015—2022年北京文化产品（分项）在中国的显性比较优势指数

项目	2015年	2016年	2017年	2018年	2019年	2020年	2021年	2022年
手工艺品	0.44	0.60	0.52	0.37	0.30	0.31	0.33	0.29
设计	0.17	0.24	0.26	0.15	0.11	0.08	0.07	0.10
新媒体	0.15	0.08	0.03	0.04	0.02	0.04	0.02	0.02
表演艺术	0.23	0.16	0.25	0.16	0.15	0.12	0.10	0.38
出版	0.70	0.50	0.56	0.38	0.33	0.33	0.33	0.29
视觉艺术	1.30	1.00	0.25	0.25	0.90	0.44	0.38	0.50

资料来源：根据统计结果计算得出。

表5-20中，北京文化产品在世界的显性比较优势指数在0.8以下，表明其竞争力较弱。显性比较优势指数从2015年的0.50下降到2022年的0.36，8年间下降了0.14。其中，2016—2020年逐年下降，2022年开始回升，表明北京文化产品有逐渐增强的趋势。

表5-20 2015—2022年北京文化产品在世界的显性比较优势指数

项目	2015年	2016年	2017年	2018年	2019年	2020年	2021年	2022年
北京文化产品占北京总出口的比例（%）	0.80	0.85	0.82	0.54	0.56	0.44	0.42	0.53
世界文化产品占世界总出口的比例（%）	1.60	1.64	1.61	1.46	1.77	1.67	1.62	1.48
RCA	0.50	0.52	0.51	0.37	0.31	0.26	0.26	0.36

资料来源：根据统计结果计算得出。

从表5-21可以看出北京文化产品各分项在世界的显性比较优势指数。其中，2015—2022年北京手工艺品显性比较优势指数整体在0.8以下，表明其竞争力较弱。北京设计显性比较优势指数在0.8以下，表明竞争力较弱，设计显性比较优势指数在2015—2017年上升，从0.39上升到0.74，说明这3年北京设计竞争力在逐渐增强。北京新媒体显性比较优势指数在0.8以下，表明其竞争力较弱。新媒体显性比较优势指数从2015年的0.53下降到2019年的0.08，整体上表现较弱，竞争力较弱。2015—2022年北京表演艺术显性比较优势指数均在0.8以下，竞争力较弱，从2015年的0.46上升至2022年的0.61，可以看出2021—2022年北京表演艺术显性比较优势指数呈上升趋势，表明竞争力有所增强。北京出版显性比较优势指数从2015年的0.32下降至2022年的0.13，整体上呈下降趋势。2015—2022年北京视觉艺术显性比较优势指数从0.74减少到0.33，整体上呈下降趋势。

表5-21 2015—2022年北京文化产品（分项）在世界的显性比较优势指数

项目	2015年	2016年	2017年	2018年	2019年	2020年	2021年	2022年
手工艺品	0.62	0.80	0.72	0.83	0.47	0.44	0.47	0.43
设计	0.39	0.61	0.74	0.45	0.36	0.23	0.22	0.30
新媒体	0.53	0.26	0.14	0.09	0.08	0.09	0.05	0.07
表演艺术	0.46	0.30	0.46	0.32	0.30	0.21	0.18	0.61
出版	0.32	0.24	0.23	0.16	0.15	0.12	0.10	0.13
视觉艺术	0.74	0.47	0.14	0.11	0.26	0.29	0.37	0.33

资料来源：根据统计结果计算得出。

四、综合指标

表5-22是运用熵值法计算了北京文化产品的IMS指标、RCA指标和TC指标各自的权重，将三个权重相加得到一个综合指标。北京的综合指标数值较小。说明北京文化产品在国际市场上的竞争力还有待提升。具体来说，这种较弱的国际竞争力可能与多种因素有关，包括但不限于文化产业发展的历史、政策支持力度以及市场需求等。因此，为了增强北京文化产品的国际影响力，需要从多方面入手，比如加大创新力度、优化产业结构、加强品牌建设和推广等，以促进其文化产品竞争力的提高。

表5-22 2015—2022年北京文化产品综合指标

项目	2015年	2016年	2017年	2018年	2019年	2020年	2021年	2022年
北京IMS权重	0.000048	0.012946	0.007171	0.000053	0.000053	0.000047	0.000053	0.000046
北京RCA权重	0.000023	0.000026	0.000023	0.000022	0.000022	0.000030	0.000027	0.000029
北京TC权重	0.000029	0.000019	0.000020	0.000025	0.000025	0.000023	0.000021	0.000026
综合指标	0.0001	0.0130	0.0072	0.0001	0.0001	0.0001	0.0001	0.0001

第六章

上海文化产品国际竞争力分析

国家的文化产品及服务出口结构可以很好地反映一国文化产业的优势与劣势所在，进而为一国文化产业的进一步发展提供依据和方向。同样，一个城市的文化产品及服务出口结构可以很好地反映该城市文化产业的优势与劣势所在，进而为该城市文化产业的进一步发展提供依据和方向。因此，接下来我们将对上海市文化产品与服务出口的现状进行分析。

关于文化产业，本章采用李怀亮教授与虞海侠教授在《我国文化产品和文化服务出口结构及竞争力分析》中对文化产品与文化服务的定义，把文化产品分为七大类，具体包括：手工艺品（地毯、纪念品、纸制品、柳编制品、抽纱制品等）、影视媒介、设计（建筑模型、时尚设计产品、玻璃制品、室内设计、珠宝、玩具等）、表演艺术（录音带、CD等）、新媒体（数字媒介、游戏产品等）、出版物（书籍、报刊等）、视觉艺术品（古董、绘画、摄影、雕刻等）。文化服务则主要包括：广告和市场调查服务、建筑工程和技术服务、文化休闲娱乐服务、研究开发服务等。

根据海关总署的数据统计，本章基于此对上海市文化产品与服务的出口结构进行研究，并将通过一系列的图表来分析上海市文化贸易的出口结构及竞争力情况。

第一节　文化产品进出口规模分析（含分项）

表6-1比较了2015—2022年上海市文化贸易进出口额、贸易差额的总体情况。数据显示，2015—2022年上海市文化贸易的规模虽然有一些波动，但总体上是扩大的趋势，文化产品进出口总额由2015年的5616.99百万美元发展到2022年6986.9百万美元，在8年内实现了几乎1400百万美元的增长，并且在2015年之后持续为贸易顺差。从表6-1的数据可以看出，2015年上海市文化产品出口额小于文化产品进口额，但是在2016—2022年上海市文化产品出口额大于文化产品进口额，存在贸易顺差。而且除了2022年可能受疫情的影响，文化产品进出口及文化贸易总额有所下降，其余年份都出现了非常大的增长。

表6-1　上海文化产品贸易总体情况（2015—2022年）

单位：百万美元

项目	2015年	2016年	2017年	2018年	2019年	2020年	2021年	2022年
文化产品出口	2508.8	2609.07	2702.97	2889.39	3136.48	2978.66	4790.09	3893.71
文化产品进口	3108.19	2543.86	2599.04	2808	2553.05	2175.03	3575.71	3093.19
文化产品进出口总额	5616.99	5152.93	5302.01	5697.39	5689.53	5153.69	8365.8	6986.9
文化产品进出口差额	-599.39	65.21	103.93	81.39	583.43	803.63	1214.38	800.52

资料来源：中华人民共和国海关总署。

一、手工艺品

从表6-2可以看出，上海手工艺品出口额2015—2022年在大部分年份中呈现出增长的趋势，尤其是在2015—2018年增长较快，2020年出现了一个小的下滑，之后在2021年和2022年又恢复了增长。其中，2020—2021年，出口额增长额最大，增长了165.05百万美元，接下来是2021—2022年的增长量较大，增加了135.74百万美元。而2019—2020年出口额略有下降，减少了11.23百万美元，这可能是受到了全球疫情的影响。总体来看，2015—2018年，上海的手工艺品出口额经历了一段快速增长期，这可能与当时全球经济环境较好以及中国手工艺品市场的发展有关；2019—2020年，增长速度明显放缓，甚至出现了轻微的下降，这一时期正值全球疫情暴发，全球贸易受到影响；2021年和2022年，随着全球疫情逐步得到控制，市场需求恢复，上海的手工艺品出口额再次呈现强劲的增长势头。这种趋势表明，上海市手工艺品出口市场具有较强的韧性和恢复能力。

表6-2 上海手工艺品进出口规模（2015—2022年）

单位：百万美元

项目	2015年	2016年	2017年	2018年	2019年	2020年	2021年	2022年
上海手工艺品出口额	824.40	828.71	867.13	933.52	937.53	926.30	1091.35	1227.09
上海手工艺品进口额	214.58	199.74	203.88	218.36	229.70	204.85	257.66	193.43

资料来源：中华人民共和国海关总署。

同时，上海手工艺品进口额在大部分年份中呈现出波动的趋势，从2015—2018年，上海的手工艺品进口额经历了一些波动，但整体趋势是增长的；2019—2020年，进口额出现了下降，这可能与全球疫情暴发有关，但在2021年有一个显著的增长高峰，而在2022年则出现了明显的下降。2020—2021年，进口额显著增长，增加了52.81

百万美元，但在2021—2022年，进口额又开始减少，减少了64.23百万美元，降到较低的水平，此次下降可能受到了全球供应链中断和市场预期变化的影响。

二、设计

从表6-3可以看出，上海设计出口额在大部分年份中呈现出增长的趋势，尤其是在2015—2018年增长较为显著，2020年出现了小幅度下降，之后在2021年显著增长，但在2022年又有所下降，其中，2020—2021年增长量最大，增长了305.39百万美元。一开始，在全球经济环境较好以及中国设计行业的发展影响下，上海的设计出口额经历了一段快速增长期；之后由于全球疫情暴发，出现了轻微的下降；2021年疫情逐步得到控制，市场需求恢复，上海的设计出口额再次呈现强劲的增长势头，之后的下降可能是受到了全球供应链中断的影响。

表6-3　上海设计进出口规模（2015—2022年）

单位：百万美元

项目	2015年	2016年	2017年	2018年	2019年	2020年	2021年	2022年
上海设计出口额	866.65	1134.94	1177.05	1244.61	1241.93	1213.52	1518.91	1456.37
上海设计进口额	759.92	730.16	795.13	854.35	832.83	790.44	1053.88	976.80

资料来源：中华人民共和国海关总署。

上海设计进口额除了在2021年出现了一个显著的增长高峰，其余年间呈现出波动的趋势。这种波动性可能与全球经济状况、市场需求变化以及国际贸易环境的不确定性有关。2022年的下降可能也是受到了全球供应链中断和市场预期变化的影响。

三、新媒体

从表6-4可以看出，上海的新媒体出口额从2015年开始直到2019年都在下降，2015年上海新媒体的出口额还是494.02百万美元，2019年就降到了324.10百万美元，下降的幅度较大。2020—2021年，随着全球疫情的影响逐渐显现，新媒体行业可能受益于数字化转型加速和远程工作需求的增长，出口额有所回升，之后出现了小幅的下降，但整体而言，上海市新媒体的出口额还是处于劣势，一直没有突破2015年的水平。

表6-4　上海新媒体进出口规模（2015—2022年）

单位：百万美元

项目	2015年	2016年	2017年	2018年	2019年	2020年	2021年	2022年
上海新媒体出口额	494.02	384.68	389.21	382.53	324.10	343.53	383.80	380.99
上海新媒体进口额	1758.05	1284.09	1244.96	1290.18	737.76	421.82	461.25	578.30

资料来源：中华人民共和国海关总署。

上海的新媒体进口额呈现出显著下降的趋势，特别是在2015—2020年下降最为明显，2021年和2022年进口额的回升表明市场可能开始出现新的变化。整体来看，上海市新媒体的进口在这8年间下降了1179.75百万美元，这种大幅的下降，可能反映了国内市场对海外新媒体内容和技术的需求的大幅下降，可能是上海近几年持续的技术创新、适应市场变化的能力以及有效的国际化战略促进新媒体产业的快速发展进而转变了之前大量依靠进口的局面。

四、表演艺术

从表6-5可以看出，上海表演艺术出口额在大部分年份中呈现出增长的趋势，特别是在2015—2018年增长较为显著，2020年出现了小幅度增长，之后在2021年显著增长，并且在2022年继续保持增长。总体来看，上海市表演艺术出口额在这8年发展势头很好，2015—2022年翻了两番，实现了5倍多的增长，这种趋势也表明上海表演艺术在全球市场中的竞争力不断增强。

表6-5　上海表演艺术进出口规模（2015—2022年）

单位：百万美元

项目	2015年	2016年	2017年	2018年	2019年	2020年	2021年	2022年
上海表演艺术出口额	35.52	43.36	73.58	98.73	122.07	129.49	205.49	235.07
上海表演艺术进口额	14.74	21.34	21.27	21.82	21.87	21.96	83.58	138.37

资料来源：中华人民共和国海关总署。

上海表演艺术进口额在2015年至2020年间变化不大，但2021年和2022年出现了显著的增长，从2020—2022年实现了5倍多的增长。这一变化可能与全球疫情后的市场复苏有关，也可能是国内市场需求的变化，或者是政策鼓励引进更多国外优秀表演艺术作品以促进文化交流的结果。

五、出版

从2016—2017年，上海的出版出口额经历了一段下降期，这可能与数字出版物的兴起、市场竞争格局的变化以及全球市场的需求变化有关。2018—2019年，出口额有小量的回升，但在2020年再次出现下降，这可能是受到了全球疫情的影响。2021年出口额再次有所回升，但2022年再次下降，这可能是全球供应链问题持续存在，或是由市场需求的变化导致的。总体来看，这8年上海市出版出口额下降了13.9百万美元，发展潜力较差。

由于近年来数字出版物的兴起、国际市场对中国读者群体的兴趣增加以及国内市场需求的变化，从2015—2021年，上海的出版进口额经历了一段快速增长期，从2015年的149.11百万美元上升到2021年的276.07百万美元。数据的快速上升也反映了上海市出版进口的繁荣景象，但是在2021—2022年，进口额出现了显著下降，这一年上海出版进口额下降了100多百万美元，可能是受到了全球供应链问题持续存在的影响，这表明市场仍然面临一定的挑战和不确定性，需要密切关注市场动态并采取相应的策略应对。

表6-6 上海出版进出口规模（2015—2022年）

单位：百万美元

项目	2015年	2016年	2017年	2018年	2019年	2020年	2021年	2022年
上海出版出口额	50.79	50.86	42.06	47.65	49.27	39.51	44.31	36.89
上海出版进口额	149.11	161.14	201.32	246.75	250.55	253.94	276.07	175.15

资料来源：中华人民共和国海关总署。

六、视觉艺术

上海视觉艺术品出口额在2015—2022年在大部分年份中呈现出波动的趋势，但是在2021年有一个显著的增长高峰，与2020年相比实现了3倍多的增长，而在2022年则出现了显著的下降，下降了近1亿美元。2018—2019年，出口额呈显著增长，这可能是由于全球市场对中国艺术品的兴趣增加，以及中国艺术家和作品在国际上的认可度提高，这对于上海市视觉艺术品的发展有很大的助力。2020—2021年，出口额出现了显著的增长，这可能是因为在全球疫情的影响下，人们对文化和艺术的需求有所增加，以及在线艺术品销售平台的兴起。而之后的下降可能是由于全球供应链问题。

表6-7　上海视觉艺术品进出口规模（2015—2022年）

单位：百万美元

项目	2015年	2016年	2017年	2018年	2019年	2020年	2021年	2022年
上海视觉艺术品出口额	237.42	166.52	153.94	182.34	461.57	326.32	1546.24	557.30
上海视觉艺术品进口额	211.78	147.39	132.48	176.53	480.34	482.02	1443.27	1031.15

资料来源：中华人民共和国海关总署。

上海市视觉艺术品进口额与视觉艺术品出口额的变化高度相似，都是在2015—2020年，先是缓慢下降之后又渐渐地回升，2021年有一个显著的增长高峰，而在2022年则出现了显著的下降。上海市视觉艺术品进口额的增加，可能是由于全球市场对中国艺术品的兴趣增加，助力了上海市视觉艺术品产业的繁荣，进而在助长上海市视觉艺术品出口额增加的同时带动了进口额的提升。而之后的下降可能同样是由于全球供应链问题。

第二节　文化产品进出口结构分析

从表6-8可以看出，各分项在上海的文化产品的出口中占比变化情况各有不同。手工艺品的占比整体上呈现出下降的趋势，特别是2021年出现了显著的下降，2022年虽然有所回升，但是仍旧没有恢复到之前的水平。设计的占比在2015—2017年有缓慢增长，之后开始下降，但总体上2022年比2015年有所上升。新媒体的占比逐年下降。表演艺术的占比虽然较少但逐年上升，尤其是在2021年和2022年增长明显。出版的占比在大部分年份中都相对较低，且在2015—2022年呈波动下降趋势。视觉艺术的占比在2015—2019年波动较大，整体走向呈“U”形。

表6-8 上海市文化产品出口结构（2015—2022年）

单位：%

项目	2015年	2016年	2017年	2018年	2019年	2020年	2021年	2022年
手工艺品占比	32.86	31.76	32.08	32.31	29.89	31.10	22.78	31.51
设计占比	34.54	43.50	43.55	43.08	39.60	40.74	31.71	37.40
新媒体占比	19.69	14.74	14.40	13.24	10.33	11.53	8.01	9.78
表演艺术占比	1.42	1.66	2.72	3.42	3.89	4.35	4.29	6.04
出版占比	2.02	1.95	1.56	1.65	1.57	1.33	0.93	0.95
视觉艺术占比	9.46	6.38	5.70	6.31	14.72	10.96	32.28	14.31

资料来源：根据统计结果计算得出。

总之，手工艺品、设计是上海市主要的文化出口产品，这两项文化产品的总额达到了60%以上，这两项是上海市对外文化贸易的强项，可能反映了市场对传统工艺和创意设计产品的持续兴趣。而在上海市的对外文化贸易中，核心的文化产品如影视媒介、表演艺术、出版物所占的比重都不大，这种特点也体现在我国的对外文化贸易中。这些趋势反映了市场需求的变化以及文化创意产业内部的不同发展动力。

从表6-9可以看出，在这8年间，手工艺品的占比在2015—2020年略有上升，但在2021年和2022年有所下降。设计的占比在2015—2020年有所增长，但在2021年有所下降，2022年又有所回升。新媒体的占比在2015—2018年间逐年下降，2019年和2020年显著下降，2021年下降后于2022年有所上升。表演艺术的占比逐年缓慢增长，特别是在2021年和2022年增长较为明显。出版的占比在2015—2020年间逐年增长，但在2021年和2022年有所下降。视觉艺术的占比在2015—2019年波动较大，但在2021年有一个显著的增长峰值，2022年有所下降但仍保持较高水平。

表6-9　上海市文化产品进口结构（2015—2022年）

单位：%

项目	2015年	2016年	2017年	2018年	2019年	2020年	2021年	2022年
手工艺品占比	6.90	7.85	7.84	7.78	9.00	9.42	7.21	6.25
设计占比	24.45	28.70	30.59	30.43	32.62	36.34	29.47	31.58
新媒体占比	56.56	50.48	47.90	45.95	28.90	19.39	12.90	18.70
表演艺术占比	0.47	0.84	0.82	0.78	0.86	1.01	2.34	4.47
出版占比	4.80	6.33	7.75	8.79	9.81	11.68	7.72	5.66
视觉艺术占比	6.81	5.79	5.10	6.29	18.81	22.16	40.36	33.34

资料来源：根据统计结果计算得出。

总体来看，上海市各分项进口结构与出口结构显示出不同的变化。在出口结构中，占据主要地位的不再是手工艺品，而是设计与新媒体以及后来居上的视觉艺术，这体现出上海市手工艺品的出口较大程度上大于进口，表明上海的手工艺品几乎可以自给自足，不再依靠进口。新媒体的变化呈现直线下降趋势，2015年新媒体的进口占上海市文化产业总进口的一半以上，2022年就不到20%，证明了上海市新媒体行业的蓬勃发展与巨大潜力。与之相反的是视觉艺术，近年来进口额显著上升，体现了上海市视觉艺术对于进口产品的依赖在不断加强，自身发展水平有待提高。

第三节　文化产品国际竞争力分析

一、IMS指数

国际市场占有率又可称为出口市场占有率，指的是一个国家或地区在特定时期内某一类产业的出口总额占世界某类产业出口总额的比重，可用来说明某国某产业的竞争力水平与国际市场地位。国际市场占有率指数越高，越能说明该国该产业的出口竞争力强，反之则越弱。

从表6-10可以看出，上海市的文化产业在中国市场的份额总体呈现上升趋势，2015—2020年占比份额相对稳定，变化不大，主要在0.47%至0.71%波动，之后几年开始快速增长。一开始上海文化产品在中国的占比份额相对稳定，这同时反映了上海在国内文化创意产业中的稳定地位。之后显著地增长，则是因为在全球疫情的影响下，国内市场对本土文化产品的需求增加，同时上海作为中国的经济和文化中心之一，其文化创意产业可能受益于这种增长趋势。总之，不管是缓慢地增长，还是显著地增长，都表明上海的文化创意产业在国内市场取得了很大的成功，这也为未来的发展提供了积极的信号。

表6-10 上海文化产品在中国的IMS（2015—2022年）

项目	2015年	2016年	2017年	2018年	2019年	2020年	2021年	2022年
上海	2508.8	2609.07	2702.97	2889.39	3136.48	2978.66	4790.09	3893.71
中国	61758.55	60071.09	69463.42	74292.23	81196.61	84852.37	1088682.52	116588.26
上海在中国的IMS	0.47%	0.69%	0.68%	0.70%	0.70%	0.71%	2.69%	4.45%

资料来源：根据统计结果计算得出。

从表6-11可以看出，上海市手工艺品在我国的占有率走势于2015—2022年呈现倒“V”形，在2016年有小幅度的上升，2016年到达最高值之后开始下降，从7.61%下降到2022年的5.79%。虽然国际市场占有率在逐步下降，但是整体来看，上海市手工艺品出口在我国的占比还是较高的。上海市设计的出口额在我国的占有率虽然达到了3%左右，但是和手工艺品相比，只有手工艺品占比的一半，同时，还在不断地降低。上海市新媒体在我国出口中所占份额在3%~5%范围内波动，整体上在2015—2021年呈现下降趋势，在2022年有所回升，占比为3.60%，但还是比2015年少。相比于上海市的手工艺品、设计和新媒体在我国市场的占比，表演艺术的占比非常少，占比最高是在2021年，达到了1.18%。虽然占比整体较低，但是表演艺术的国际市场占有率在2015—2022年基本处于上升趋势，说明上海市表演艺术在我国的占有率有较大的上升潜力。上海市出版贸易在我国的市场占有率不高，基本在2%左右，在2022年下降到1.49%。上海市视觉艺术的出口表现出非常蓬勃的生命力，在我国市场上的占比是文化产品中占比最高的。然而，上海市视觉艺术出口在我国的市场占有率很不稳定，2021年达到了36.39%的高值，但在2017年也出现了8.60%的低值。

表6-11　上海文化产品（分项）在中国的IMS（2015—2022年）

项目	2015年	2016年	2017年	2018年	2019年	2020年	2021年	2022年
手工艺品	6.68%	7.61%	7.44%	6.91%	6.12%	6.05%	6.04%	5.79%
设计	3.82%	4.55%	3.81%	3.82%	3.11%	2.87%	2.81%	2.52%
新媒体	4.18%	4.08%	4.28%	3.55%	3.32%	3.18%	2.93%	3.60%
表演艺术	0.34%	0.40%	0.53%	0.74%	1.06%	1.04%	1.18%	1.12%
出版	2.31%	2.35%	2.02%	2.29%	2.29%	2.39%	2.35%	1.49%
视觉艺术	10.84%	9.30%	8.60%	9.04%	17.93%	13.47%	36.39%	16.18%

资料来源：根据统计结果计算得出。

对于手工艺品而言，一开始的增长与消费者对手工艺品的兴趣增加有关，也可能是因为上海加强了对手工艺品产业的支持；设计增长则是可能反映了当时市场对高品质设计产品的需求增加，以及上海在设计领域的投资加大；表演艺术市场份额的逐年增长可能与市场对文化体验的需求增加、政府支持政策的实施以及表演艺术市场的国际化有关；视觉艺术的需求增加可能与在线艺术品交易平台的兴起以及疫情后市场复苏有关。而对于没有增加的新媒体，可能是由于新兴技术的竞争加剧、用户注意力分散以及内容同质化等因素，出版市场份额的波动可能与数字化转型的影响、电子书和在线阅读平台的兴起以及纸质书籍市场的竞争加剧有关。

从表6-12可以看出，2015—2019年，上海在全球文化创意产业中的稳定地位，以及全球市场份额没有发生大的变化，使上海在世界的国际市场份额相对稳定，2021年在全球疫情的影响下，中国市场成为全球经济增长的重要驱动力之一，上海作为中国的经济中心之一，国际市场份额出现了显著的增长。但同时，在剧烈的全球环境变化之下，上海国际市场的占比较稳定且缓缓上升，也反映出其在全球市场上较强的韧性和潜力。

表6-12　上海文化产品在世界的IMS（2015—2022年）

项目	2015年	2016年	2017年	2018年	2019年	2020年	2021年	2022年
上海	2508.8	2609.07	2702.97	2889.39	3136.48	2978.66	4790.09	3893.71
世界	257746.48	257417.80	278176.32	276211.81	325633.09	286784.27	350043.87	303669.84
上海在世界的IMS	0.97%	1.01%	0.97%	1.05%	0.96%	1.04%	1.37%	1.28%

资料来源：根据统计结果计算得出。

从表6-13可以看出，上海市手工艺品在国际市场的占有率变化相对平稳，除了在2018年突然上升，之后又回归到之前的水平。这几年在国际市场上的占比很小，而且基本都在1.3%上下浮动，发展平稳，没有太大变化。新媒体在国际市场的表现与在我国市场的表现一致，都不太好。上海市表演艺术与在我国的表现相似，其在国际市场的占有率很低，但也在不断上升。出版在国际市场的出口情况，比其在我国市场上的情况更为糟糕。视觉艺术与在我国市场上的情况相比，在国际市场上的表现则显得力不从心。总体来看，各个分项在我国市场上的占有率情况也可以侧面反映其在国际市场上的占比情况，可以推出提升上海在我国的影响力对于提升上海国际竞争力一样重要。

表6-13　上海文化产品（分项）在世界的IMS（2015—2022年）

项目	2015年	2016年	2017年	2018年	2019年	2020年	2021年	2022年
手工艺品	1.34%	1.35%	1.33%	2.05%	1.32%	1.32%	1.33%	1.49%
设计	1.24%	1.57%	1.45%	1.44%	1.33%	1.30%	1.29%	1.31%
新媒体	1.21%	0.99%	1.02%	0.94%	0.84%	0.90%	0.80%	1.07%
表演艺术	0.16%	0.19%	0.24%	0.30%	0.43%	0.43%	0.55%	0.61%
出版	0.15%	0.15%	0.12%	0.13%	0.14%	0.13%	0.13%	0.11%
视觉艺术	0.83%	0.59%	0.54%	0.54%	0.78%	1.38%	5.03%	1.63%

资料来源：根据统计结果计算得出。

二、TC指数

贸易竞争优势指数（TC）也被称为贸易特化指数，可以削弱宏观经济因素的影响，指的是一国某产业进出口贸易差额占进出口总额的比重，该指数越大，说明竞争优势越强。

从表6-14可以看出，2015年，上海文化产品TC指数为-0.11，表明上海文化产品这个时候在国际市场上处于贸易逆差状态，即进口多于出口。2016—2018年：TC指数转正，虽然数值较小，在0.01到0.02之间，但表明上海文化产品开始出现贸易顺差，即出口超过了进口。2019—2021年：TC指数显著提高，特别是在2020年达到0.16，这表明上海文化产品在国际市场上取得了较好的贸易顺差，竞争力明显增强。2022年TC指数为0.11，相比2021年略有下降，但仍保持较高的贸易顺差水平。总体来看，上海文化产品在国际市场上的贸易竞争力从2015—2022年经历了从贸易逆差到顺差的过程，并且在

2019—2021年显著增强。这反映出上海在文化产品出口方面的成功和竞争力的提升。尽管2022年TC指数略有下降，但仍然保持在一个较高的水平，表明上海文化产品在国际市场上仍然具有较强的竞争力。

表6-14　上海文化产品的TC（2015—2022年）

项目	2015年	2016年	2017年	2018年	2019年	2020年	2021年	2022年
上海出口	2508.8	2609.07	2702.97	2889.39	3136.48	2978.66	4790.09	3893.71
上海进口	3108.19	2543.86	2599.04	2808	2553.05	2175.03	3575.71	3093.19
TC	−0.11	0.01	0.02	0.01	0.10	0.16	0.15	0.11

资料来源：根据统计结果计算得出。

从表6-15可以看出，上海市手工艺品的贸易竞争优势指数在这8年呈现上升趋势，在2022年已经达到了0.73，表明上海的手工艺品出口竞争力较强。设计的贸易竞争优势指数在2015年仅有0.07，2016—2022年基本保持在0.2，都比较低，反映了设计行业在国际市场的竞争力有待增强。新媒体的贸易竞争优势指数表现很差，2015—2022年都是负值，但2019—2022年有明显的改善，这可能是因为上海在新媒体领域加大了投入并取得了进展。表演艺术的贸易竞争优势指数呈现倒“U”形，在2015—2020年快速地从0.41上涨到0.71，之后可能受疫情影响开始迅速下降，虽然到2022年已经下降到0.26，但仍保持正值，表明上海在表演艺术领域的出口竞争力较强。出版的贸易竞争优势指数始终为负值并且绝对值较大，说明出版物的进口量大于出口量，上海在出版领域的国际竞争力相对较弱。视觉艺术的贸易竞争力指数也基本在0左右，有些年份出现了负值，这可能反映了该领域市场竞争格局的变化。

表6-15 上海文化产品（分项）的TC（2015—2022年）

项目	2015年	2016年	2017年	2018年	2019年	2020年	2021年	2022年
手工艺品	0.59	0.61	0.62	0.62	0.61	0.64	0.62	0.73
设计	0.07	0.22	0.19	0.19	0.20	0.21	0.18	0.20
新媒体	−0.56	−0.54	−0.52	−0.54	−0.39	−0.10	−0.09	−0.21
表演艺术	0.41	0.34	0.55	0.64	0.70	0.71	0.42	0.26
出版	−0.49	−0.52	−0.65	−0.68	−0.67	−0.73	−0.72	−0.65
视觉艺术	0.06	0.06	0.07	0.02	−0.02	−0.19	0.03	−0.30

资料来源：根据统计结果计算得出。

三、RCA指数

显示性比较优势指数（RCA）指的是一国的某产业出口额在该国总出口额中的比重与世界该产业出口额在世界总出口额中的比重二者的比率。根据《中国文化贸易的经济学解释研究》一书，一般来说，RCA指数>2.5，表明该国的该商品在国际上具有很强的竞争力；若RCA指数值在1.25~2.5，表明该国的商品或服务在国际上具有较强的竞争力；若RCA指数值在0.8~1.25，表明该国的商品或服务在国际上具有中等的竞争力；若RCA指数值<0.8，则表明该国的商品或服务在国际上基本不具有竞争力。

从表6-16可以看出，2015—2019年，RCA指数在0.47到0.50波动，表明上海文化产品在中国市场上的显性比较优势相对较低，但保持相对稳定。2018—2019年，RCA指数略有回升，但仍低于1，表明上海文化产品在国内市场的显性比较优势虽有所增强，但仍然低于全国平均水平。2021年，RCA指数降至0.06，这可能是因为市场竞争加剧或其他因素导致上海文化产品在国内市场的竞争力进一步下降。2022年，RCA指数回升至0.47，接近之前几年的水平，表明上海文化产品在国内市场的显性比较优势有所恢复。这些变化的趋势都反映出上海在文化产业方面需要继续努力以增强其在国内市场的竞争优势，并应对来自其他地区的激烈竞争。

表6-16　上海文化产品在中国的RCA（2015—2022年）

项目	2015年	2016年	2017年	2018年	2019年	2020年	2021年	2022年
上海文化产业出口	2508.8	2609.07	2702.97	2889.39	3136.48	2978.66	4790.09	3893.71
上海总出口	195913.21	183352.13	193642.90	207144.62	198993.76	198043.61	243230.00	255853.65
中国文化产业出口	61758.55	60071.09	69463.42	74292.23	81196.61	84852.37	1088682.52	116588.26
中国总出口	2273468.22	2097637.17	226330.50	2486439.72	2499206.99	2589098.35	3362301.61	3593601.44
RCA	0.47	0.50	0.45	0.47	0.49	0.46	0.06	0.47

资料来源：根据统计结果计算得出。

从表6-17可以看出，手工艺品的RCA指数一直在0.77到0.87波动，表明上海手工艺品在国内市场有一定的竞争力，但略低于全国平均水平。设计的RCA指数在2015—2016年有所增长，之后逐渐下降，且数值一直处在低于0.8这一区间，这可能反映了上海在设计领域面临的竞争压力增大。新媒体的RCA指数在2015—2017年间较为稳定，之后逐年下降，2022年有所回升，表明上海新媒体在国内市场的竞争力有所波动。表演艺术和出版的RCA指数值<0.8，则表明在中国市场上基本不具有竞争力。视觉艺术的RCA指数在2015—2018年间略有波动，但在2019—2021年间显著增长，2022年有所下降，但仍保持较高水平，8年间数值在1.00~2.5甚至RCA指数>2.5，表明上海在视觉艺术领域具有较强的竞争力。

表6-17　上海文化产品（分项）在中国的RCA（2015—2022年）

项目	2015年	2016年	2017年	2018年	2019年	2020年	2021年	2022年
手工艺品	0.78	0.87	0.87	0.83	0.77	0.79	0.83	0.81
设计	0.44	0.52	0.45	0.46	0.39	0.38	0.39	0.35
新媒体	0.49	0.47	0.50	0.43	0.42	0.42	0.40	0.51
表演艺术	0.04	0.05	0.06	0.09	0.13	0.14	0.16	0.16
出版	0.27	0.27	0.24	0.27	0.29	0.31	0.32	0.21
视觉艺术	1.26	1.06	1.00	1.09	2.25	1.76	5.03	2.27

资料来源：根据统计结果计算得出。

从表6-18可以看出，上海文化产品2015—2018年RCA指数在0.80到0.96波动，表明上海文化产品在国际市场上并未展现出很强的比较优势，在此期间，指数虽有所上升，但仍低于1，意味着上海文化产品相较于全球平均水平而言竞争力较弱。2019—2020年，RCA指数由0.89提升到0.90，显示出轻微的波动，但整体上仍然没有突破1。这一时期的指数变化不大，表明上海文化产品在国际市场上尚未出现显著的竞争优势。2021年和2022年RCA指数显著增长，至此超过1，2022年虽有所下降，但仍在1以上，这表明上海文化产品在2021年后相较于之前几年获得了较强的国际竞争力。

表6-18　上海文化产品在世界的RCA（2015—2022年）

项目	2015年	2016年	2017年	2018年	2019年	2020年	2021年	2022年
上海文化产业出口	2508.8	2609.07	2702.97	2889.39	3136.48	2978.66	4790.09	3893.71
上海总出口	195913.21	183352.13	193642.90	207144.62	198993.76	198043.61	243230.00	255853.65
世界文化产业出口	257746.48	257417.80	278176.32	276211.81	325633.09	286784.427	350043.87	303669.84

续表

项目	2015年	2016年	2017年	2018年	2019年	2020年	2021年	2022年
世界总出口	16132946.42	15679404.53	17254936.92	18956785.95	18365309.81	17132812.41	21603543.54	20482337.38
RCA	0.80	0.87	0.87	0.96	0.89	0.90	1.22	1.03

资料来源：根据统计结果计算得出。

从表6-19可以看出，上海市手工艺品始终保持较高的RCA指数，且在2018年达到峰值1.88，表明上海的手工艺品在国际市场上具有较强的优势，并且这种优势相对稳定。设计类产品的RCA指数也始终高于1，尽管在2020年和2022年有所下降，但仍保持了较强的国际竞争力。新媒体的RCA指数在2018年出现了异常的低值0.01，这可能是由于数据异常或是受特定事件的影响。除此之外，新媒体的RCA指数接近1，但在大部分年份低于1，表明其国际竞争力较弱。表演艺术的RCA指数始终远低于1，这意味着上海在表演艺术领域国际竞争力较弱，尽管在2019—2022年有所提升。出版业的RCA指数同样始终远低于1，表明上海出版业在国际市场上缺乏竞争力。视觉艺术的RCA指数在2021年显著增长至4.47，显示出上海在这一领域取得了显著的进步，达到了非常高的比较优势水平。2022年虽然有所下降，但仍高于1，表明上海在视觉艺术领域依然具有较强的竞争力。总体来看，上海在手工艺品和设计方面具有稳定的国际竞争力，而在新媒体、表演艺术、出版和视觉艺术方面的竞争力相对较弱。特别是在2021年，视觉艺术领域的RCA指数显著增长，显示出上海在这一领域取得了显著的进步。未来，上海可以通过加大对新媒体、表演艺术和出版的支持力度，进一步提升这些领域的国际竞争力。

表6-19 上海文化产品（分项）在世界的RCA（2015—2022年）

项目	2015年	2016年	2017年	2018年	2019年	2020年	2021年	2022年
手工艺品	1.11	1.15	1.19	1.88	1.22	1.14	1.18	1.19

续表

项目	2015年	2016年	2017年	2018年	2019年	2020年	2021年	2022年
设计	1.02	1.34	1.29	1.32	1.23	1.12	1.15	1.05
新媒体	1.00	0.85	0.91	0.01	0.77	0.78	0.71	0.86
表演艺术	0.13	0.16	0.21	0.28	0.40	0.37	0.49	0.49
出版	0.12	0.13	0.11	0.12	0.13	0.11	0.12	0.09
视觉艺术	0.68	0.50	0.49	0.49	0.72	1.19	4.47	1.30

资料来源：根据统计结果计算得出。

四、综合指标

除此之外，为了更好、更客观地用IMS指标、TC指标、RCA指标，我们利用熵值法对数据进行处理，将北京、上海、重庆、天津4个城市每一年的数据进行无量纲处理、归一化处理等之后得出上海数据的权重（见表6-20）。

表6-20 上海市文化产品各指标权重（2015—2022年）

项目/年份	2015	2016	2017	2018	2019	2020	2021	2022
上海IMS权重	0.48	0.55	0.58	0.53	0.53	0.47	0.53	0.46
上海TC权重	0.23	0.26	0.22	0.22	0.22	0.30	0.27	0.29
上海RCA权重	0.29	0.19	0.20	0.25	0.25	0.23	0.20	0.25

资料来源：根据统计结果计算得出。

无量纲处理后的数据会出现数值为0的情况，为了计算之后的综合指标，将无量纲处理之后的数据整体扩大0.0001得到平移数据，再根据上海市文化产品每个指标的权重，计算得出综合指标（见表6-21）。

表6-21 上海市文化产品综合指标（2015—2022年）

项目/年份	2015	2016	2017	2018	2019	2020	2021	2022
上海综合指标	0.73	0.89	0.83	0.81	0.83	0.79	0.94	0.73

资料来源：根据统计结果计算得出。

第七章

天津文化产品国际竞争力分析

本章基于可收集数据对天津现有文化产品出口的状况进行分析，并在此基础上探讨进一步优化天津市贸易结构的具体路径。

本章关于文化产业的范围界定参考了《我国文化产品和文化服务出口结构及竞争力分析》一文，对天津2015—2022年文化产品进出口的统计数据进行整理和归纳。

第一节 文化产品进出口规模分析（含分项）

表7–1比较了2015—2022年天津文化产品贸易进出口额、贸易差额的总体情况。数据显示，2015—2022年天津文化产品贸易的规模有一些波动。文化产品进出口总额由2015年的1209.91百万美元发展到2021年的1597.35百万美元，在7年内实现了387.44百万美元的增长，但在2022年有所降低。文化产品进出口差额则在几年内一直保持贸易顺差，且总体为扩大趋势。

表7–1 天津文化产品进出口规模（2015—2022年）

单位：百万美元

项目	2015年	2016年	2017年	2018年	2019年	2020年	2021年	2022年
文化产品出口	794.14	660.97	715.97	809.50	801.75	999.04	1124.69	755.06
文化产品进口	415.77	240.51	381.23	102.03	433.38	386.59	472.66	199.24
文化产品进出口总额	1209.91	901.48	1097.2	911.53	1235.13	1385.63	1597.35	954.30
文化产品进出口差额	378.37	420.46	334.74	707.47	368.37	612.45	652.03	555.82

一、手工艺品

从表7-2可以看出，天津手工艺品出口额在2015—2022年8年间总体处于上升趋势，且在2021年达到顶峰，但在2022年略微下降。从2015年的315.95百万美元发展到2022年的352.03百万美元。8年间增长了36.08百万美元。查阅原始数据发现，天津地毯出口额在2021年达到历史最高，但在2022年毡呢地毯的出口额为0，无法确定是数据收录缺失还是未出口。

天津手工艺品进口额波动较大，在2015—2018年总体呈下降趋势，2019—2021年有所回升，2022年降到了最低点。查阅原始数据发现，规模最大且变化最大的为纸板进口项目。

表7-2　天津手工艺品进出口规模（2015—2022年）

单位：百万美元

项目	2015年	2016年	2017年	2018年	2019年	2020年	2021年	2022年
天津出口额	315.95	306.26	327.19	377.27	402.14	444.89	554.25	352.03
天津进口额	34.31	24.00	27.97	25.03	29.09	31.02	32.56	20.84

二、设计

从表7-3可以看出，天津在设计出口领域的竞争力不够强。在2016—2020年出口额有所增长，从2016年的179.28百万美元涨到2021年的357.29百万美元，增长了178.01百万美元，但2022年又下降到286.80百万美元，下降了70.49百万美元。查阅原始数据资料发现，天津2022年手绘建筑工程设计图纸的出口额下降较多，这是导致其设计类文化产品出口额下降的直接原因。

天津设计领域进口额波动较大，在2015—2022年总体呈下降趋势，其中2018年数据异常，多项目数据明显偏低。查阅原始数据发现，规模最大且变化最大的为光学元件进口项目。

值得注意的是，设计具有很高的知识文化含量，具有较高附加值，同时设计产值很难剥离于物品而存在，因此统计设计出口时统计了产品价值，有夸大设计出口额的可能性。天津需要加大对设计环节的投入力度，进一步提升其附加值，完成从低设计性、低附加值到高设计性、高附加值的转变。

表7-3　天津设计进出口规模（2015—2022年）

单位：百万美元

项目	2015年	2016年	2017年	2018年	2019年	2020年	2021年	2022年
天津出口额	188.84	179.28	211.20	276.52	286.75	433.87	357.29	286.80
天津进口额	321.34	182.75	314.77	23.40	332.54	280.18	274.22	156.29

三、新媒体

从表7-4可以看出，天津的新媒体出口额从2015年到2021年逐年稳步提升，从2015年的3.56百万美元提升至2021年的84.73百万美元，提升了81.17百万美元。

天津新媒体领域进口额波动较大，在2015—2022年总体呈上升趋势，其中2021年数据异常，数据明显偏高。天津在新媒体领域对进口的依赖性越来越大。

表7-4　天津新媒体进出口规模（2015—2022年）

单位：百万美元

项目	2015年	2016年	2017年	2018年	2019年	2020年	2021年	2022年
天津出口额	3.56	3.61	6.05	6.71	8.11	15.95	84.73	9.87
天津进口额	0.23	0.03	0.21	1.42	2.87	1.21	129.98	2.19

四、表演艺术

从表7-5可以看出，天津的表演艺术出口规模在2015—2020年逐年下降，从2015年的275.41百万美元下降到2020年的95.63百万美元，下降了179.78百万美元，2021年略有上升，达到了122.32百万美元，但2022年又呈下降趋势，出口额为99.19百万美元。

天津表演艺术进口规模在2015—2018年总体呈现下降趋势，2019—2020年回到了2015年时的水平，在50百万美元以上，在2021—2022年降至10百万美元以下。

表7-5　天津表演艺术进出口规模（2015—2022年）

单位：百万美元

项目	2015年	2016年	2017年	2018年	2019年	2020年	2021年	2022年
天津出口额	275.41	163.90	164.41	142.68	97.68	95.63	122.32	99.19
天津进口额	53.07	27.29	20.90	20.30	52.57	57.84	9.56	7.77

五、出版

从表7-6可以看出，8年里天津的出版出口额在2015—2017年呈下降趋势，从2.89百万美元下降到0.38百万美元。2017年以后，又总体呈现上升趋势，2022年达到4.03百万美元，可以推测在对外贸易发展迅速的今天，其竞争力正在增强。但总的来说，天津出版类文化产品出口额的数值一直不够高。

天津的出版进口规模在2015—2021年总体呈上升趋势，在2018年达到30.21百万美元的顶峰，但在2022年降至9.86百万美元。可见天津在改善图书印刷质量，提高读者阅读体验的同时，尽力减少对进口纸张的依赖。

表7-6　天津出版进出口规模（2015—2022年）

单位：百万美元

项目	2015年	2016年	2017年	2018年	2019年	2020年	2021年	2022年
天津出口额	2.89	1.43	0.38	0.67	1.01	2.16	1.12	4.03
天津进口额	5.37	5.26	12.78	30.21	14.24	14.66	23.10	9.86

六、视觉艺术

从表7-7可以看出，天津的视觉艺术品出口总体呈递减趋势，从

2015年的7.56百万美元降低到2022年的3.23百万美元，降幅接近60%。通过查阅原始数据资料，发现视觉艺术品文化产品出口额减少的主要原因是2022年胶卷类产品的出口额为0，可能是缺少数据，也可能是数码相机或手机拍照技术的发展，使得胶片相机使用量减少，导致胶卷的消失。

天津视觉艺术品进口额从2015—2020年总体稳定在2百万美元左右，2017年激增至4.60百万美元。到2021年有了显著增长，达到3.25百万美元，到2022年又降低至2.29百万美元。

表7-7　天津视觉艺术品进出口规模（2015—2022年）

单位：百万美元

项目	2015年	2016年	2017年	2018年	2019年	2020年	2021年	2022年
天津出口额	7.56	6.54	6.91	5.77	6.16	6.65	5.16	3.23
天津进口额	1.45	1.18	4.60	1.67	2.07	1.69	3.25	2.29

第二节　文化产品进出口结构分析

从表7-8可以看出，天津在文化产品出口方面，手工艺品是最主要的文化出口产品，每年占文化产品出口额的比重都在50%左右，其次是设计（占比在30%左右）、表演艺术（平均占比在10%左右），这些是天津对外文化贸易的强项。新媒体、出版、视觉艺术的出口能力较弱，占比均在1%左右。

手工艺品中，地毯是天津的特色商品，天津的地毯工业起源于清朝晚期，已有100多年的历史。天津地毯长期以来是天津重要的出口商品之一，经过多年的技术变革后，逐步形成了独有的风格与特点，在国内外市场上均享有盛誉。此外，天津造纸业也极为发达。近代天津是中国北方最大的商埠，对纸张的需求量很大，但当时市场上的纸张大部分是西洋舶来品。为了满足对纸张的需求，20世纪初，天津西郊有不少农民开始尝试造纸，从当时的手工作坊到逐步形成规模，再到1945年，民族造纸企业达到19家，如今，天津已有玖龙纸业、中荣印刷等60多家极具规模的造纸企业，出口额约占天津手工艺品出口总额的三分之一。

设计中，天津的玻璃制品出口额遥遥领先，近代以来，天津的玻璃制造业在国内具有较为重要的地位，1902年建立了天津第一家玻璃厂，此后，天津玻璃制造工业开始加快发展，玻璃产品的种类应有尽有，出口额在设计产品中居首位。

表7-8 天津市文化产品出口结构（2015—2022年）

项目	2015年	2016年	2017年	2018年	2019年	2020年	2021年	2022年
手工艺品	39.79%	46.34%	45.70%	46.60%	50.16%	44.53%	49.28%	46.62%
设计	23.78%	27.12%	29.50%	34.16%	35.77%	43.43%	31.77%	37.98%
表演艺术	34.68%	24.80%	22.96%	17.63%	12.18%	9.57%	10.88%	13.14%
新媒体	0.45%	0.55%	0.85%	0.83%	1.01%	1.60%	7.53%	1.31%
出版	0.36%	0.22%	0.05%	0.08%	0.13%	0.22%	0.10%	0.53%
视觉艺术品	0.94%	0.98%	0.94%	0.70%	0.76%	0.65%	0.44%	0.41%

从表7-9可以看出，天津在文化产品进口方面，设计是最主要的文化进口产品，大多数年份占文化产品进口额的比重都在50%~80%，其次是表演艺术（占比在15%左右）、手工艺品（占比在10%左右）、出版（占比在5%左右），这些是天津进口文化产品的主要项目。新媒体、视觉艺术的进口项目较少，占比均在1%左右。

查阅原始数据可知，天津进口光学元件是设计方面最主要的项目。光学产业有着巨大潜力，与生活生产、科技科研、国防军事息息相关，如眼镜镜片、医学光学配件、智能手机摄像头镜片组、相机镜头、民用及科研天文设备等。天津市政府积极推动新一代信息技术产业的发展，编制了《天津市集成电路产业3年行动方案（2018—2020年）》和《天津市智能终端产业3年行动方案（2018—2020年）》，并推动了一批重点项目建设。天津的智能终端企业只有天地伟业、恒银金融、中科曙光、华来科技、蓝酷科技等，这些企业或居于专业领域，或采购销售均不在本地，产业链不够完善，市场范围小，但天津的光学产业有其自身的发展特点及优势。天津进口的光学元件主要来自德国HOLOEYE和OWIS两家公司。

表7-9 天津市文化产品进口结构（2015—2022年）

单位：百万美元

项目	2015年	2016年	2017年	2018年	2019年	2020年	2021年	2022年
手工艺品	8.25%	9.98%	7.34%	24.53%	6.71%	8.02%	6.89%	10.46%
设计	77.29%	75.98%	82.57%	22.93%	76.73%	72.47%	58.02%	78.44%
表演艺术	12.76%	11.35%	5.48%	19.90%	12.13%	14.96%	2.02%	3.90%
新媒体	0.06%	0.01%	0.06%	1.39%	0.66%	0.31%	27.50%	1.10%
出版	1.29%	2.19%	3.35%	29.61%	3.29%	3.79%	4.89%	4.95%
视觉艺术	0.35%	0.49%	1.21%	1.64%	0.48%	0.44%	0.69%	1.15%

第三节 文化产品国际竞争力分析

表7-10、表7-11、表7-12、表7-13呈现了中国文化产品进出口额和世界文化产品进出口额的相关数据。

表7-10 中国文化产品出口额（2015—2022年）

单位：百万美元

项目	2015年	2016年	2017年	2018年	2019年	2020年	2021年	2022年
手工艺品	12336.31	10886.22	11657.40	13501.18	15318.48	15319.30	18082.25	21205.85
设计	22709.68	24944.13	30886.83	32580.03	39870.20	42242.10	53967.67	57855.06
表演艺术	11806.63	9424.13	9094.56	10763.72	9765.87	10800.78	13111.00	10570.99
新媒体	10519.58	10862.58	13951.67	13345.61	11517.48	12412.31	17383.28	21035.61
出版	2195.38	2162.95	2081.94	2085.23	2149.60	1656.00	1889.41	2475.47
视觉艺术	2190.97	1791.08	1791.02	2016.46	2574.98	2421.88	4248.91	3445.28
总计	61758.55	60071.09	69463.42	74292.23	81196.61	84852.37	108682.52	116588.26

表7-11 中国文化产品进口额（2015—2022年）

单位：百万美元

项目	2015年	2016年	2017年	2018年	2019年	2020年	2021年	2022年
手工艺品	815.25	764.19	726.29	787.19	658.31	665.63	806.84	593.88
设计	5101.50	4622.80	5235.54	5335.83	5866.78	5377.06	6001.22	5670.36
表演艺术	9704.66	5779.42	4667.15	4516.42	3402.72	2521.42	2694.29	2443.19
新媒体	394.07	562.54	502.98	458.06	706.02	581.28	887.11	894.09
出版	650.70	712.65	923.67	1245.18	1023.95	1233.88	1485.91	759.77
视觉艺术	971.72	821.06	800.68	983.18	1385.43	1394.55	2753.37	2020.74
总计	17637.89	13262.66	12856.31	13325.86	13043.21	11773.82	14628.74	12382.04

表7-12 世界文化产品出口额（2015—2022年）

单位：百万美元

项目	2015年	2016年	2017年	2018年	2019年	2020年	2021年	2022年
手工艺品	61381.69	61531.46	65077.12	45517.61	71045.32	70278.54	82200.69	82585.88
设计	69897.83	72444.05	81064.13	86310.17	93066.95	93639.91	117815.50	111019.00
表演艺术	40855.09	38759.73	38319.16	40792.72	38690.40	38123.05	48090.90	35615.68
新媒体	22884.94	22618.26	31260.31	32804.15	28127.61	30093.63	37412.62	38781.29
出版	33950.70	33713.66	34204.58	36770.95	35331.66	30931.80	33877.27	32089.54
视觉艺术	28776.24	28350.63	28251.02	34016.21	59371.16	23717.51	30742.69	34237.51
总计	257746.49	257417.79	278176.32	276211.81	325633.10	286784.44	350139.67	334328.90

表7-13 世界文化产品进口额（2015—2022年）

单位：百万美元

项目	2015年	2016年	2017年	2018年	2019年	2020年	2021年	2022年
手工艺品	57332.63	57920.97	57185.58	42209.56	65493.84	63367.05	74054.88	72631.81
设计	81266.97	83130.70	89670.73	87105.40	92568.10	86636.20	106247.32	102403.61
表演艺术	48693.84	43300.90	45149.02	46852.42	45458.13	41404.46	45578.93	42100.90
新媒体	24800.88	22701.52	31214.93	33266.28	28298.79	30543.78	39751.02	40169.38
出版	34350.70	33386.52	34506.99	36269.84	34814.97	29555.07	32510.92	32377.63
视觉艺术	28516.41	23802.90	22790.22	27833.16	30936.35	23012.85	31039.14	31436.66
总计	257417.70	264243.50	280517.47	273536.66	297570.18	274519.40	328903.09	320358.20

一、IMS指标

通过国际市场占有率IMS可以体现该地区占世界出口总额的比例，一般通过此指标反映国际竞争力。

从表7-14可以看出，天津文化产品IMS基本保持在0.3%左右，这说明天津文化产品的竞争力整体而言较为稳定。同时，我们可以看到以下几个关键的趋势和变化。

2015年天津文化产品的IMS值在0.31%，占有率相对较低。这可能意味着天津文化产品在国际市场的竞争力尚未完全得到展现，或者市场渗透策略尚未取得显著成效。

2016年天津文化产品的IMS值显著下降，表明这一时期天津文化产品在国际市场上的占有率再次下降，天津文化产品需提升在国际市场上的占有率。

2016—2018年，IMS值呈现缓慢增长的趋势，从0.24%逐步提升至0.29%。这一时期市场份额逐渐扩大，表明天津在2018年大力发展产业结构调整、创新项目的成果有所体现。

2019年至2020年，IMS值在0.25%至0.35%波动，显示出一定的不稳定性。这一时期可能受到全球经济形势、贸易政策变化以及国际市场需求波动等多种因素的影响，尤其是疫情突发，导致天津文化产品的国际市场占有率出现波动。

2020—2022年，IMS值下降至0.32%和0.25%，这一变化尤为引人注目。这表明天津文化产品在国际市场上的竞争力下降，市场份额降低。疫情结束后，随着其他城市的文化产品出口额恢复，天津又失去了其在世界文化产品出口市场的规模。

*以下相关数据均来自海关统计数据查询平台。

表7-14 天津文化产品IMS（2015—2022年）

单位：百万美元

项目	2015年	2016年	2017年	2018年	2019年	2020年	2021年	2022年
天津	794.14	660.97	715.97	809.50	801.75	999.04	1124.69	755.06
世界	257746.48	257417.7	278176.32	276211.81	325633.09	286784.43	350043.87	303669.84
IMS	0.31%	0.24%	0.26%	0.29%	0.25%	0.35%	0.32%	0.25%

从表7–15可以看出，天津文化产品各具体分项的国际市场占有率普遍处于较低水平，但各指标在2018年的数据都达到了较好的水平。其中手工艺品、表演艺术与设计三大领域的数据在世界出口市场上还有一席之地。手工艺品的国际市场占有率大多在0.50%左右，2015—2017年稳定在0.50%左右；2018年有所增长，达到了0.83%，是统计数据中的巅峰；随后，2019—2021年有略微下降，达到0.60%左右；2022年下降较多，降到了0.43%。表演艺术的国际市场占有率总体处于下降趋势，从2015年的1.20%下降到2022年的0.26%，2021年与2020年相比有略微上升，但2022年下降的幅度较大。设计的国际市场占有率大多在0.30%左右，2015年的占比为0.27%，2016年略微下降到0.25%，2017年略微上升到0.26%，但仍未达到2015年的水平，2018年有一个较大的增长趋势，达到了0.32%，突破了2015年的数据，2019年略微下降到0.31%，2020年达到了统计数据中的巅峰0.46%，2021年和2022年数据又有所下降。

但天津新媒体、出版和视觉艺术的国际市场占有率不容乐观，新媒体和视觉艺术的国际市场占有率大多在0.02%左右，出版更是在一些年份中几乎为0。这一现象深刻揭示了天津在文化产品出口领域所面临的严峻挑战，进一步凸显了持续加大文化产品出口推广力度、深化国际市场渗透策略的迫切性与重要性。

表7–15　天津文化产品分项IMS（2015—2022年）

项目	2015年	2016年	2017年	2018年	2019年	2020年	2021年	2022年
手工艺品	0.51%	0.50%	0.50%	0.83%	0.57%	0.63%	0.67%	0.43%
设计	0.27%	0.25%	0.26%	0.32%	0.31%	0.46%	0.30%	0.26%
新媒体	0.02%	0.02%	0.02%	0.02%	0.03%	0.05%	0.23%	0.03%
出版	0.01%	0.00%	0.00%	0.00%	0.00%	0.01%	0.00%	0.01%
视觉艺术	0.03%	0.02%	0.02%	0.02%	0.01%	0.03%	0.02%	0.01%
表演艺术	1.20%	0.72%	0.53%	0.43%	0.35%	0.32%	0.33%	0.26%

二、TC指标

TC指数是贸易竞争力指数，是指一国（或地区）进出口贸易的差额占其进出口贸易总额的比重。TC指数=（出口–进口）/（出口+进口）。指数越接近于1竞争力越强，等于1时表示该产业只出口不进口；指数越接近于–1竞争力越弱，等于–1时表示该产业只进口不出口；等于0时表示该产业竞争力处于中间水平。

从表7–16可以看出，天津文化产品TC指标均为正值，收录数据的几个年份中，2015—2016年呈上升趋势，TC指数从0.31增长到0.47，2017年又回到2015年的水平，TC指数为0.31，2018年达到近几年数据的巅峰0.78，2019年下降到0.30，后呈逐年上升趋势，2022年达到0.58。

表7–16 天津文化产品TC（2015—2022年）

项目	2015年	2016年	2017年	2018年	2019年	2020年	2021年	2022年
天津	0.31	0.47	0.31	0.78	0.30	0.44	0.41	0.58

从表7–17可以看出，天津在手工艺品、表演艺术、新媒体和视觉艺术上的贸易竞争指数均大于0，表明天津在这些方面的贸易竞争力较强。手工艺品的TC指数2015—2018年总体呈上升趋势，从2015年的0.80上升到2018年的0.88，虽然2017年有轻微的下降趋势，但2018年有所回升，随后2019年和2020年轻微下降至0.87，但2021年和2022年达到了近几年数据的巅峰值0.89，从这样的数据可以看出，天津手工艺品进口额是出口额的9～10倍，在进出口方面有绝对的优势。表演艺术的数据有所波动，2015—2018年均在0.7左右，说明出口额是进口额的5～6倍，但2019年和2020年数据显著下降至0.30和0.25，出口额大约是进口额的2倍，2021—2022年增长到了0.86和0.85，出口额是进口额的10倍，达到了统计数据的巅峰。新媒体的TC指数波动较大，2015—2017年都在0.8以上，2016年更是达到了

0.98，但2018年和2019年呈现了下降趋势，分别是0.65和0.48，失去了进出口的绝对优势，2021年的数据变成了负值，但此处数据过于异常，先不列入讨论范围，2022年指数又回到了正值0.64。需要注意的是，由于新媒体进出口的规模总体不大，所以此处TC值高并不一定是好事，反而意味着天津在新媒体方面与世界交易较少。视觉艺术的TC值波动较大，2015年和2016年不到0.7。2017年下降到了0.2，2018—2020年又有所回升，在2020年达到了0.59，随后在2021年和2022年又有所下降，分别为0.23和0.17。同样，由于视觉艺术进出口的规模总体不大，所以此处TC值高并不一定是好事，反而意味着天津在视觉艺术方面与世界交易较少。但在设计和出版方面的贸易竞争指数均小于0，表明天津在贸易和出版方面的贸易竞争力较弱，且出版的贸易竞争力最弱。

表7–17　天津文化产品（分项）的TC指数（2015—2022年）

项目	2015年	2016年	2017年	2018年	2019年	2020年	2021年	2022年
手工艺品	0.80	0.85	0.84	0.88	0.87	0.87	0.89	0.89
设计	–0.26	–0.01	–0.20	0.84	–0.07	0.22	0.13	0.29
表演艺术	0.68	0.71	0.77	0.75	0.30	0.25	0.86	0.85
新媒体	0.88	0.98	0.93	0.65	0.48	0.86	–0.21	0.64
出版	–0.30	–0.57	–0.94	–0.96	–0.87	–0.74	–0.91	–0.42
视觉艺术	0.68	0.69	0.20	0.55	0.50	0.59	0.23	0.17

三、RCA指标

RCA显性比较优势是测算贸易比较优势时的一种方法，可以反映一个国家（或地区）某一产业贸易的比较优势。当RCA值大于1时，表示该产品在区域中具有比较优势，并且区域显性比较优势指数越大，比较优势就越显著；当RCA值小于1时，表示该产品在区域中具有比较劣势，并且区域显性比较优势指数越小，比较劣势就越显著。

从表7-18可以看出，天津文化产品RCA基本保持在1.0左右，这说明天津文化产品的竞争力整体较为稳定，且和世界水平相当，有的年份略高于世界平均水平，有的年份略低。同时，我们可以看到以下几个关键的趋势和变化。

2015年天津文化产品RCA值为0.97，2016年下降到0.89，表明这一时期天津文化产品在国际市场上的比较劣势更加显著。2016—2018年，RCA值出现缓慢增长的趋势，从0.89逐步提升至1.14。这一时期天津文化产品的显性比较优势逐渐扩大，依然表明天津在2018年大力发展产业结构调整、创新项目的成果有了较好的体现。

2021—2022年，RCA值下降至1.17和0.91，这一变化尤为引人注目。这表明天津文化产品在国际市场上区域显性竞争优势的显著下降。疫情结束后，随着其他城市的文化产品出口额得到恢复，天津又失去了其在世界文化产品出口市场的规模。

表7-18　天津文化产品RCA（2015—2022年）

单位：百万美元

项目	2015年	2016年	2017年	2018年	2019年	2020年	2021年	2022年
天津文化产品出口总额	794.14	660.97	715.97	809.587	801.75	999.04	1124.69	755.06
天津出口总额	51162.93	42278.69	43561.05	48809.16	43791.83	44348.74	59280.81	56081.88
世界文化产品出口总额	257746.48	274961.42	278176.32	276211.81	325633.09	286784.43	350043.87	303669.84
世界出口总额	16132946	15679405	17254937	18956786	18365310	17132812	21603544	20482337
天津文化产品RCA	0.97	0.89	1.02	1.14	1.03	1.35	1.17	0.91

从表7-19可以看出，天津文化产品各具体分项的显性比较优势指数有较好的，也有较差的。其中手工艺品、表演艺术的数据大多在1以上，说明天津的手工艺品和表演艺术在中国的出口情况比其他

大部分城市好。手工艺品RCA指数大多在2左右，2015—2017年显著上升，从1.99上升到2.72；2018年略微下降到了2.56，随后，2018—2021年总体呈上升趋势，虽然2020年有所下降，但2021年达到了统计数据的巅峰2.96；2022年又有略微下降趋势，达到了2.56。表演艺术的RCA指数在2015—2022年有所波动，2015年为1.81，但2016年下降到1.58，后在2017年又有所增长，达到1.75，但随后开始呈现下降趋势。2017—2021年天津表演艺术的RCA指数持续下降，甚至在2020年和2021年出现了小于1的情况，失去了在中国出口市场的优势地位，2022年数据又回升到1.45。但剩余项目的RCA指数表现均不够好，均小于1，设计的RCA指数在0.7左右，视觉艺术的RCA指数在0.3左右，新媒体和出版的RCA指数则更低，说明这几个项目在中国市场的显性比较指数较差，天津在这几个项目的出口表现不如中国其他城市。

表7-19 天津文化产品（分项）在中国的显性比较优势指数（2015—2022年）

项目	2015年	2016年	2017年	2018年	2019年	2020年	2021年	2022年
手工艺品	1.99	2.56	2.72	2.56	2.66	2.47	2.96	2.56
设计	0.65	0.65	0.66	0.78	0.73	0.87	0.64	0.77
表演艺术	1.81	1.58	1.75	1.22	1.01	0.75	0.90	1.45
新媒体	0.03	0.03	0.04	0.05	0.07	0.11	0.47	0.07
出版	0.10	0.06	0.02	0.03	0.05	0.11	0.06	0.25
视觉艺术	0.27	0.33	0.37	0.26	0.24	0.23	0.12	0.14

从表7-20可以看出，天津文化产品各具体分项的显性比较优势指数有较好的，也有较差的。其中手工艺品的数据都在1以上，设计和表演艺术的数据也大多在1以上，说明天津的手工艺品和表演艺术在世界的出口情况比其他大部分城市好。手工艺品RCA指数大多在2左右，在2015—2018年显著上升，从1.67上升到2.83，在2019—2020年有下降趋势，2020年下降到了1.82，随后，2021年上升到

2.10，但2022年又下降到了1.89。设计的RCA指数2015—2020年一直呈上升趋势，从2015年的0.88上升到2020年的1.33，2021年数据下降至0.94，但2022年又回升至1.14。表演艺术的RCA指数在2015—2020年一直呈下降趋势，2015年为2.19，2020年下降到0.72，后在2021—2022年又有所增长，2022年达到1.23。但剩余项目的RCA指数表现不够好，均小于1，说明这几个项目在世界市场的显性比较指数较差，天津在这几个项目的出口表现不如世界其他城市。

表7-20 天津文化产品（分项）在世界的显性比较优势指数（2015—2022年）

项目	2015年	2016年	2017年	2018年	2019年	2020年	2021年	2022年
手工艺品	1.67	1.94	1.95	2.83	2.30	1.82	2.10	1.89
设计	0.88	0.96	1.01	1.09	1.25	1.33	0.94	1.14
表演艺术	2.19	1.65	1.67	1.19	1.03	0.72	0.79	1.23
新媒体	0.05	0.06	0.08	0.07	0.12	0.15	0.71	0.11
出版	0.03	0.02	0.00	0.01	0.01	0.02	0.01	0.06
视觉艺术	0.09	0.09	0.10	0.06	0.04	0.08	0.05	0.04

四、综合指标

表7-21是运用熵值法计算了天津文化产品的IMS指标、RCA指标和TC指标各自的权重，将3个权重相加得到一个综合指标。天津的文化产品综合指标数值处于中等水平。说明天津文化产品在国际市场上的竞争力也处于中等水平。国际竞争力可能与多种因素有关，包括但不仅限于文化产业发展的历史、政策支持力度以及市场需求等。因此，为了保持和增强天津文化产品的国际影响力，需要从多个方面入手，比如加大创新力度、优化产业结构、加强品牌建设和推广等，以促进其文化产品竞争力的提高。

表7-21 2015—2022年天津文化产品综合指标

项目	2015年	2016年	2017年	2018年	2019年	2020年	2021年	2022年
天津IMS权重	0.084374193	0.058062706	0.071187094	0.0876951	0.076074874	0.126038542	0.087857868	0.040698622
天津RCA权重	0.230986572	0.258050876	0.228572811	0.221432439	0.222423226	0.300748282	0.252932842	0.118973888
天津TC权重	0.176161878	0.15182133	0.133571129	0.238634932	0.158075704	0.193355406	0.191241239	0.224805663
综合指标	0.491522643	0.467934913	0.433331034	0.547762472	0.456573804	0.62014223	0.532031948	0.384478174

第八章

重庆文化产品国际竞争力分析

第一节 文化产品进出口规模分析（含分项）

一个国家的文化产品及服务出口结构可以很好地反映一国文化产业的优势、劣势所在和文化产业结构特点。同样，一个省的文化产品及服务出口结构也能很好地反映该省文化产业的优势、劣势所在和文化产业结构特点。但由于重庆文化服务出口数据及表演艺术数据无法获取，本章基于可收集数据对重庆现有文化产品出口的状况进行分析，并在此基础上探讨进一步优化重庆市贸易结构的具体路径。

本章关于文化产业的范围界定参考了《我国文化产品和文化服务出口结构及竞争力分析》一文，将从海关统计数据查询平台得到的2015—2022年数据进行整理和归纳。

由表8-1可知，重庆市文化贸易规模虽然在2015—2017年间略有下降，但在2018年呈现回升态势，尤其是文化产品出口，在2022年超过了上一年2倍，可见重庆市对文化产品出口的重视度明显提高，规模随之扩大。文化产品进口额在2015—2019年较少，但2020年10月15日，重庆文旅会在重庆国际博览中心北展馆举办，可见该活动为重庆市文化产品进口贡献了力量，重庆市文化产品进口额在2020年突破了100百万美元，自此，重庆市文化产品进口额逐年提高且走势乐观，从2015年的45.99百万美元升至2022年的312.09百万美元，可见重庆当地对文化产品进口的大力支持，规模扩大。文化产品进出口差额存在大量顺差，由此可知重庆市重视文化产品的出口。

表8-1 2015—2022年重庆市文化产品进出口总体情况

单位：百万美元

项目	2015年	2016年	2017年	2018年	2019年	2020年	2021年	2022年
文化产品出口	795.23	396.03	451.23	636.28	808.67	570.30	731.22	1971.41
文化产品进口	45.99	61.92	67.81	60.81	85.19	134.42	247.51	312.09
文化产品进出口总额	841.23	457.95	519.04	697.08	893.87	704.72	978.73	2283.50
文化产品进出口差额	749.25	334.11	383.42	575.47	723.48	435.87	483.71	1659.33

具体分项分析如下。

一、手工艺品

由表8-2可知，重庆在2015—2022年的手工艺品出口额经历了显著的波动和下降。具体来看，这一趋势可以细分为以下几个阶段。

2015年，重庆市的手工艺品出口额达到了426.55百万美元，这一数字在统计区间内是相对较高的。然而，到了2016年，出口额骤降至162.06百万美元，降幅超过六成，这一巨大的落差揭示了市场的不稳定性和挑战性。

在接下来的几年里，尽管出口额有所波动，但整体呈现下降趋势。2017年，出口额回升至193.10百万美元，但随后的2018年和2019年，出口额再次下降至160.62百万美元和158.33百万美元，这两年的波动相对较小，但整体趋势仍然是下降的。

进入2020年，重庆手工艺品出口额的下降趋势更为明显。2020年，出口额进一步降至102.24百万美元，相比前几年的水平有了明显的下滑。而在2021年，出口额更是降至73.71百万美元，这是自2015年以来的最低点。不过，在2022年，出口额有所回升，达到了121.12

百万美元，但这仍然远低于2015年的水平。

从这一趋势来看，重庆手工艺品出口额在2015—2022年经历了显著的波动和下降。其间虽然有短暂的回升，但整体趋势仍然是向下的。这一趋势反映了重庆手工艺品在市场上的竞争力逐渐减弱，需要采取相应的措施来应对市场挑战和寻求新的发展机遇。

再观察重庆市在这8年间手工艺品的进口额，可以看到其表现出显著的波动性。这是多种外部因素（如全球经济形势、国际贸易政策、文化消费趋势等）和内部因素（如国内市场需求、政策支持力度等）共同作用的结果。

初步观察，进口额在2015—2018年经历了从高到低再有所回升的过程，但随后几年又呈现下降趋势。具体来说，2015年达到16.09百万美元，之后几年有所下降，到2017年回升至21.54百万美元，但随后几年又急剧下降，到2022年降至2.68百万美元，为历年最低。2015—2016年，进口额从16.09百万美元下降到13.68百万美元，下降了约15%。

尽管从2016—2017年，进口额有所回升，从13.68百万美元增长到21.54百万美元，增幅较大（约57%），但随后进口额急剧下降，从2018年的12.36百万美元降至2022年的2.68百万美元，降幅高达约88%。通过观察具体数据，发现海关代码为5703、5704（即簇绒地毯及纺织材料的其他簇绒铺地制品，无论是否制成的，和毡呢地毯及纺织材料的其他毡呢铺地制品，未簇绒或未植绒，无论是否制成的）两项从2020年开始进口额骤降，反观其出口额增加较多，说明重庆市在此方面的自产能力变强。

表8-2 2015—2022年重庆市手工艺品进出口规模

单位：百万美元

项目	2015年	2016年	2017年	2018年	2019年	2020年	2021年	2022年
出口额	426.55	162.06	193.10	160.62	158.33	102.24	73.71	121.12
进口额	16.09	13.68	21.54	12.36	3.45	3.23	4.19	2.68

二、设计

由表8-3可知，2015年以来，重庆的设计产品出口额呈现出一种引人注目的增长态势，这不仅体现了重庆设计产业的活力和创新能力，也展示了其在市场上的竞争力。

从2015年的141.37百万美元起步，重庆的设计产品出口额在随后的几年中稳步上升。2016年达到了105.43百万美元，虽然相比前一年有所下滑，但这只是暂时的市场波动。到了2017年，出口额迅速增长至276.95百万美元，这标志着重庆设计产业开始进入快速增长的轨道。进入2018年，设计产品的出口额继续保持强劲的增长势头，达到了362.09百万美元。到了2019年，出口额更是跃升至426.52百万美元，创下了近年来的新高。

然而，进入2020年，由于全球疫情的影响，许多行业受到了不同程度的冲击，设计产业也不例外。但令人欣喜的是，重庆的设计产品出口额仍然保持在290.27百万美元的高位，这体现了重庆设计产业的韧性和抗压能力。

随着全球经济的逐渐复苏，2021年重庆的设计产品出口额再次迎来增长，达到了385.32百万美元。到了2022年，出口额更是实现了跨越式增长，达到了871.20百万美元，这一数字不仅刷新了历史纪录，也充分展示了重庆设计产业在国际市场上的强劲竞争力。

重庆在2015—2022年的设计产品出口额呈现出一种强劲的增长趋势。这一趋势的背后，是重庆设计产业不断创新、提升产品质量和竞争力的结果。随着全球经济的不断发展和市场需求的不断增长，相信重庆的设计产业在未来会继续保持强劲的增长势头。

针对重庆市在2015—2022年设计品进口额的数据，我们可以进行以下趋势分析。

在这8年间，重庆市设计品的进口额呈现出显著的增长趋势。从2015年的4.76百万美元增长到2022年的49.67百万美元，增长了9倍多。尽管中间年份有所波动，但整体上设计品的进口额呈现出一个较为稳定的增长态势。特别是在2018年之后，增长速度明显加快。

在2015—2017年，设计品的进口额有所波动，但总体保持在较低水平，从2015年的4.76百万美元增长到2017年的3.68百万美元。从2018年开始，设计品的进口额急剧增长。2019年达到6.74百万美元，之后几年更是大幅增长，到2022年已经增长到49.67百万美元。

重庆市在2015—2022年的设计品进口额呈现出显著的增长趋势。这种增长受到市场需求增加、产业升级与转型、国际贸易环境改善以及政策支持等多种因素的影响。未来，随着重庆市经济的持续发展和消费者对高品质设计品需求的不断增加，设计品的进口额有望继续增长。

表8-3　2015—2022年重庆市设计产品进出口规模

单位：百万美元

项目	2015年	2016年	2017年	2018年	2019年	2020年	2021年	2022年
出口额	141.37	105.43	276.95	362.09	426.52	290.27	385.32	871.20
进口额	4.76	2.62	3.68	5.48	6.74	28.83	39.65	49.67

三、新媒体

由表8-4可知，重庆新媒体产品出口额在2015年至2022年期间，展现了一种独特的波动与爆发式增长并存的趋势，这既反映了市场环境的复杂性，也揭示了重庆设计产业内在的发展潜力。

从2015年开始，重庆新媒体产品出口额达到了111.05百万美元，为这一时期奠定了一个相对较高的起点。然而，接下来的几年里，出口额却经历了显著的波动和下滑。2016年降至56.52百万美元，而到了2017年和2018年，出口额更是持续下降至18.69百万美元和39.08百万美元，这一连串的下滑可能受到了全球经济形势、市场需求变化以及新媒体产业内部调整等多重因素的影响。

然而，从2019年开始，出口额逐渐企稳回升，虽然增速相对缓慢，但显示出一种积极的复苏态势。2020年和2021年，出口额分别回升至50.32百万美元和50.92百万美元，虽然仍未恢复到2015年的水平，但为后续的爆发式增长奠定了基础。

进入2022年，重庆新媒体产品出口额开始呈现增长的态势，这一增长趋势更是达到了顶峰，出口额猛然跃升至704.82百万美元，实现了跨越式的增长。这一年，编码9504（视频游戏控制器及设备，桌上或室内游戏，包括弹球机、台球、娱乐专用桌及保龄球自动球道设备，用硬币、钞票、银行卡、代币或任何其他支付方式使其工作的游乐机器）出口额激增，从2019年的11.52百万美元到2022年的21.04百万美元，出口金额有极大的提升，带动了整个新媒体产品出口额的提高。

可以看到重庆在2015年至2022年的新媒体产品出口额呈现出一种先抑后扬、波动与爆发式增长并存的趋势。这一趋势不仅反映了市场环境的复杂性和多变性，也揭示了重庆新媒体产业在面对挑战时所展现出的韧性和创新能力。随着全球经济的持续复苏和市场需求的不断增长，重庆新媒体产业有望在未来继续保持强劲的增长势头。

再观察重庆市在统计期内的新媒体产品进口情况，从2015年的13.08百万美元到2022年的56.59百万美元，新媒体进口额在这8年间总体呈现增长趋势。特别是从2018年开始，进口额的增长速度有所加快，显示出该领域正在经历一个快速扩张的阶段。

表8-4 2015—2022年重庆市新媒体进出口结构

单位：百万美元

项目	2015年	2016年	2017年	2018年	2019年	2020年	2021年	2022年
出口额	111.05	56.52	18.69	39.08	158.28	50.32	50.92	704.82
进口额	13.08	38.86	33.88	23.59	26.25	31.63	46.3	56.59

四、出版物

由表8–5可知，2015年重庆的出版物出口额达18.45百万美元，然而随后的几年里，这一数字却开始逐年下滑。2016年出口额降至6.43百万美元，随后接连几年其整体趋势仍然是向下的。2017年出口额为6.57百万美元，2018年出口额略微回升至8.03百万美元，尽管比2016年有所增长，但相比2015年仍有较大差距。

进入2019年，出版物出口额的下降趋势更加明显。2019年出口额降至4.12百万美元，创下了近几年的新低。这一变化可能受到全球经济形势、国际出版市场竞争以及数字化阅读兴起等多重因素的影响。

而后的几年里，出版物出口额并未出现显著的回升。2020年出口额进一步下降至1.06百万美元，到了2021年和2022年，出口额虽然有所波动，但始终保持在较低水平，分别为2.14百万美元和1.35百万美元。

重庆在2015—2022年的出版物出口额呈现出显著的下降趋势。这提醒我们随着数字化阅读的兴起和全球出版业的转型升级，重庆出版业也需要积极探索新的发展机遇和方向。

然而，与出口额形成鲜明对比的是，进口额在这一时间段内显得尤为微不足道。出版物进口额的数据极低且不稳定，因此很难从这些数据中预判明确的长期趋势。尽管在考察的8年之中，2015年独占鳌头，成为出版物进口额最高的年份，但其数值也仅仅为0.12百万美元，这一数字相较于出口领域的庞大体量，无疑显得极为渺小。

尤为值得注意的是，当我们以百万美元作为衡量单位时，这一差距被进一步放大。在2017年、2020年及2022年这3年，进口额竟然滑落至零的境地，即显示为0百万美元，这不仅反映了进口活动的极度匮乏，也凸显了出版物市场在这一领域可能面临的特定挑战或限制。

表8-5　2015—2022年重庆市出版物进出口结构

单位：百万美元

项目	2015年	2016年	2017年	2018年	2019年	2020年	2021年	2022年
出口额	18.45	6.43	6.57	8.03	4.12	1.06	2.14	1.35
进口额	0.12	0.02	0	0.01	0.02	0	0.01	0

五、视觉艺术品

由表8-6可知，重庆的视觉艺术品出口额在2015—2022年经历了一段充满波折却最终迎来显著增长的旅程。

起初，在2015年，重庆的视觉艺术品出口额达39.55百万美元，但是接下来的几年里，出口额均在低位徘徊。2016年骤降至14.39百万美元，2017年更是降至7.00百万美元的低点。

从2018年开始，出口额出现了一定程度的回升，达到15.37百万美元，虽然仍未恢复到2015年的水平，但为后续的增长奠定了基础。进入2019年和2020年，出口额再次遭遇波动，分别为11.83百万美元和39.73百万美元。但值得注意的是，2020年的出口额相比上一年有了显著的增长，这可能预示着市场正在逐步回暖。而到了2021年和2022年，重庆的视觉艺术品出口额迎来了爆发式增长。2021年出口额激增至96.70百万美元，翻了一番有余；到2022年更是达到了159.43百万美元的新高，显示出重庆视觉艺术品在市场上的强劲竞争力和巨大潜力。同时，随着全球经济的复苏和人们对文化消费需求的增加，也为重庆视觉艺术品出口提供了有利的市场环境。

在这8年间，重庆市视觉艺术品的进口额呈现出显著的增长趋势。从2015年的0.08百万美元增长到2022年的163.54百万美元，增长了不到2000倍，特别是在2018年之后，进口额的增长速度明显加快，进入一个高速增长的阶段。

从2015年的极低起点开始，视觉艺术品的进口额在随后几年里快速增长。特别是在2017—2019年，增长率均超过100%，显示出强劲的增长势头。

表8-6　2015—2022年重庆市视觉艺术品进出口结构

单位：百万美元

项目	2015年	2016年	2017年	2018年	2019年	2020年	2021年	2022年
出口额	39.55	14.39	7.00	15.37	11.83	39.73	96.70	159.43
进口额	0.08	0.34	2.95	8.69	35.07	49.92	125.68	163.54

六、表演艺术

由表8-7可知，重庆的表演艺术品出口额在2015—2022年，展现了稳步增长与适时波动调整并存的态势。

2015—2019年重庆表演艺术品出口额基本处于较为稳定的状态，出口额在40百万美元至60百万美元之间波动，但重庆的表演艺术产业并未因此停滞不前，而是迅速调整策略，以适应市场变化。从2020年开始，出口额再次呈现上升趋势，2020年达到86.68百万美元，显示出市场回暖的迹象。且当时全球都处于疫情的影响中，出口额没有大幅倒退已是较好结果，能成为2015年以来的第一个峰值是意外之喜。到了2021年和2022年，出口额更是大幅增长，分别达到122.42百万美元和113.50百万美元，一举超越了2018年的水平。随着全球经济的不断复苏和文化交流的日益频繁，重庆的表演艺术品有望在国际市场上继续发光发热，创造更加辉煌的成就。

在这8年间，重庆市表演艺术品的进口额呈现出一定的波动性和增长趋势。具体来说，虽然中间年份有所波动，但整体上进口额在逐年增长，尤其在后期增长更为显著。

2015年至2017年，表演艺术品的进口额出现了显著的下降，从2015年的11.86百万美元降至2017年的5.76百万美元，降幅达到

51.64%。2018年起，进口额开始回升并持续增长。2018年同比增长85.42%，是增长最快的年份之一。随后的几年里，进口额均保持了正增长，尤其是2020年至2022年，增长率均超过20%，显示出强劲的增长势头。

随着国际文化交流的加深和合作的加强，重庆市与其他国家和地区开展了更多的文化艺术合作项目，从而促进了表演艺术品的进口。未来，随着重庆市文化产业的不断发展和国际文化交流的加深，表演艺术品的进口额有望继续增长。

表8-7　2015—2022年重庆市表演艺术品进出口结构

单位：百万美元

项目	2015年	2016年	2017年	2018年	2019年	2020年	2021年	2022年
出口额	58.26	51.21	48.92	51.08	49.59	86.68	122.42	113.50
进口额	11.86	6.4	5.76	10.68	13.66	20.8	31.68	39.61

第二节　文化产品进出口结构分析

由表8-8可知，在统计区间内，重庆市手工艺品出口额在2015—2016年存在较大落差，随后几年里虽然整体呈下降趋势，但波动没有那么大，伴随的是手工艺品出口占比也呈现下降趋势，从2015年的53.64%降至2022年的6.14%，可见重庆市手工艺品出口存在较大断层。重庆市设计产品出口额整体呈上升趋势，且涨势较大，从141.37百万美元到871.20百万美元，6倍有余的上涨幅度，可以得知重庆市对设计产品出口的重视程度，且从占比来看，设计产品出口已趋于稳定。对重庆市新媒体产品的分析结合实际情况，自媒体、短视频的兴起，或成为影视媒介出口额飙升的原因之一，其占比也于2022年水涨船高。其出口额总体来看十分不稳定。重庆市出版物出口额较少，其对文化产品出口的总体影响力也比较小。重庆市视觉艺术品出口在2020年及以后的占比处于第二梯队，在2015—2019年占比较小。重庆市表演艺术出口额较为稳定，但其他因素变动致使其占比看上去较为分散、没有规律。

纵观2015—2022年，重庆市文化产品出口领域经历了显著的转型，从最初手工艺品独领风骚的局面，逐渐演变为设计品与新媒体产品后来居上，成为出口的主力军。这一现象深刻地揭示了一个时代趋势：在技术与创意的双重驱动下，那些融合先进技术与创新思想的产品，正日益增强其在国际市场中的竞争力，引领着文化产业的新风尚。这不仅是对传统出口结构的重塑，更是对未来文化产业发展方向的有力预示。

表8-8 重庆市文化产品出口结构（2015—2022年）

项目	2015年	2016年	2017年	2018年	2019年	2020年	2021年	2022年
手工艺品	53.64%	40.92%	20.63%	25.24%	19.58%	17.93%	10.08%	6.14%
设计	17.78%	26.62%	61.38%	56.91%	52.74%	50.90%	52.70%	44.19%
新媒体	13.96%	14.27%	4.14%	6.14%	19.57%	8.82%	6.96%	35.75%
出版	2.32%	1.62%	1.46%	1.26%	0.51%	0.19%	0.29%	0.07%
视觉艺术	4.97%	3.63%	1.55%	2.42%	1.46%	6.97%	13.22%	8.09%
表演艺术	7.33%	12.93%	10.84%	8.03%	6.13%	15.20%	16.74%	5.76%

由表8-9可知，重庆市手工艺品进口额占文化产品进口总额的比例在这8年间呈现出显著的下降趋势。从2015年的高峰值开始，这一比例逐年减少，到2022年已经降至一个非常低的水平。在2015—2022年，重庆市手工艺品进口额占文化产品进口总额的比例经历了显著且持续的下降阶段。而重庆市设计品进口额占文化产品进口额的比例呈现出一定的波动性和增长趋势，自2017年起，设计品进口

额占比开始波动，2017年回升至5.42%，但随后几年里又有所起伏，如2018年增长至9.01%，而2019年又略降至7.92%。这一阶段的占比变化表明市场存在不稳定性或需求的多变性。进入2020年后，设计品进口额占比出现显著增长，从2019年的7.92%大幅跃升至21.45%，成为8年中的最高点。这一趋势表明设计品在文化产品进口市场中的地位逐渐提升，且增长势头强劲。尽管在2021年和2022年有所回落，但设计品进口额占比依然保持在较高水平，分别为16.02%和15.92%，显示出市场对该类产品的持续需求。在2015—2022年，重庆市新媒体进口额占文化产品进口总额的比例展现出显著的波动性，从2016年的62.77%高峰逐渐调整，经历了几年的起伏后，后期趋于稳定，保持在18%~24%，这一趋势凸显了新媒体产品在重庆市文化产品进口市场中的重要地位及其市场份额的动态变化。出版物的进口规模和出口规模一样对重庆市文化产品进口规模影响极小。重庆市视觉艺术品进口额占文化产品进口总额的比例呈现出显著的增长趋势，从初期的微不足道的0.18%和0.55%起步，随后几年里持续攀升，到2019年已跃升至41.16%，并在后续年份中进一步巩固其主导地位，最终达到2022年的52.40%，成为文化产品进口中的主要组成部分。重庆市表演艺术进口额占文化产品进口总额的比例呈先下降后趋于稳定的趋势。从初期的25.78%开始，占比逐年下滑至2017年的8.49%，显示出较为明显的下降趋势。然而，2018年起，该比例有所回升并基本保持在一个相对稳定的范围内，徘徊在12%~18%，这一趋势表明，尽管表演艺术进口额在初期有所减少，但随后逐渐找到了在市场中的平衡点。

表8-9 重庆市文化产品进口结构（2015—2022年）

项目	2015年	2016年	2017年	2018年	2019年	2020年	2021年	2022年
手工艺品	34.99%	22.09%	31.77%	20.32%	4.05%	2.41%	1.69%	0.86%
设计	10.35%	4.22%	5.42%	9.01%	7.92%	21.45%	16.02%	15.92%

续表

项目	2015年	2016年	2017年	2018年	2019年	2020年	2021年	2022年
新媒体	28.43%	62.77%	49.96%	38.80%	30.81%	23.53%	18.71%	18.13%
出版	0.27%	0.04%	0.01%	0.02%	0.02%	0.00%	0.00%	0.00%
视觉艺术	0.18%	0.55%	4.35%	14.29%	41.16%	37.14%	50.78%	52.40%
表演艺术	25.78%	10.33%	8.49%	17.56%	16.04%	15.48%	12.80%	12.69%

从中国文化贸易的地理布局来看，在出口市场中，美国、英国、德国、法国、荷兰和日本等发达国家始终占据主导地位；而在进口市场中，德国、法国、美国和日本等国家同样扮演了重要角色。特别值得关注的是，近年来，随着“一带一路”倡议的深入推进，中国与沿线国家和地区的文化贸易往来日益密切，出版物、工艺美术品及收藏品、文化用品等类别的进出口额均呈现出快速增长的态势。这一趋势不仅推动了中国对外文化贸易规模的稳步扩大，更促进了贸易结构的持续优化，形成了以一般贸易为主导的贸易格局，有力促进了文化产业的提质升级和外贸结构的不断完善。

中国作为全球首屈一指的货物贸易大国，“中国制造”早已遍布世界，深刻影响着全球的生产与生活。而今，随着全球化的深入和文化交流的频繁，中国文化产品也正以更加积极的姿态走向世界舞台。重庆，作为中国文化贸易的重要组成部分，其文化贸易结构亦呈现出与中国整体相似的特点，即文化产品的出口相较于文化服务更具优势。

深入分析重庆的文化产品出口结构，我们不难发现，手工艺品和设计产品是其显著的优势领域。然而，需要指出的是，设计出口并非单纯的设计元素交易，而是与其所依附的产品整体价值紧密相连。因此，统计数据中反映的重庆文化产品出口优势可能在一定程度上被高估。

文化贸易是一个长期投入、见效缓慢的领域，品牌培育的难度同样不容小觑。为了实现从低文化含量出口向高文化含量出口的跨越，重庆不仅需要巩固并扩大其在手工艺品和设计产品等领域的优势，还需要重点关注表演艺术、出版物等相对薄弱的领域，加大出口力度，提升整体竞争力。同时，在文化服务出口方面，特别是在文化含量更高的领域，重庆也应积极寻求突破，推动文化贸易向更高层次发展。

第三节　文化贸易竞争力分析

一、重庆文化产品国际竞争力分析

由表8-10可以看出，除2022年外，重庆文化产品IMS基本保持在0.2%左右，这说明重庆文化产品的竞争力整体而言较为稳定。同时，我们可以看到以下几个关键的趋势和变化。

2015—2017年，重庆文化产品的IMS值在0.15%～0.31%波动，表明这一时期重庆文化产品在国际市场上的占有率相对较低且稳定。这可能意味着重庆文化产品在国际市场的竞争力尚未完全展现，或者市场渗透策略尚未取得显著成效。

从2018年开始，IMS值出现缓慢增长的趋势，从0.23%逐步提升至0.25%。这一时期市场份额逐渐扩大，但增长速度仍然较为缓慢，表明重庆文化产品在国际市场的拓展过程中面临一定的挑战和阻力。

2019年至2021年，IMS值在0.20%～0.25%波动，显示出一定的不稳定性。这一时期可能受到全球经济形势、贸易政策变化以及国际市场需求波动等多种因素的影响，尤其是疫情突发，导致重庆文化产品的国际市场占有率出现波动。

进入2022年，IMS值显著增长至0.65%，这一变化尤为引人注目。这表明重庆文化产品在国际市场上的竞争力得到了显著提升，市场份额有了较大幅度的增长。未来，随着重庆文化产业的不断发展和创新能力的提升，其国际市场占有率有望进一步提高。

以下相关数据为文化产品出口额，数据均来自海关统计数据查询平台。

表8-10 重庆文化产品IMS（2015—2022年）

单位：百万美元

项目	2015年	2016年	2017年	2018年	2019年	2020年	2021年	2022年
重庆	795.24	396.03	451.23	636.28	808.67	570.3	731.22	1971.41
世界	257746.48	257417.7	278176.32	276211.81	325633.09	286784.43	350043.87	303669.84
IMS	0.31%	0.15%	0.16%	0.23%	0.25%	0.20%	0.21%	0.65%

由表8-11可以看出，在2015—2022年，重庆市手工艺品的国际市场占有率呈现出持续且显著的下降趋势。从2015年的0.17%开始，这一比例逐年下滑，尽管在个别年份（如2018年）有所回升，但整体而言，下降趋势是明确且持续的。到2021年，市场占有率已降至极低的0.02%，尽管2022年略有回升至0.04%，但仍远低于初始水平。

从2015年的0.05%开始，设计品的国际市场占有率在随后几年里有所波动，但整体呈现出上升的趋势。特别是在2022年，市场占有率达到了0.29%，是8年中的最高点。在2015—2017年，设计品的国际市场占有率呈现出较大的波动性，从0.05%上升至0.10%，再上升至2018年的0.13%。这反映了初期市场的不稳定性和不确定性。2018年至2020年，市场占有率保持在一个相对稳定的区间内（0.10%~0.13%），表明市场逐渐趋于成熟和稳定。2021年起，设计品的国际市场占有率开始显著增长，特别在2022年达到了0.29%，显示出设计品在国际市场上的竞争力和市场份额的提升。

统计期内重庆市新媒体的国际市场占有率呈现出一种先下降后急剧上升的趋势。从2015年的0.04%开始，新媒体的国际市场占有率在接下来的几年里持续下滑，直至达到一个相对较低的水平，其国际市场占有率基本保持在0.01%~0.05%，显示出在这一阶段，重庆市新媒体在国际市场上的竞争力较弱或市场拓展不足。然而，在2022年，市场占有率突然跃升至0.23%，这是一个显著的增长，表明重庆市新媒体在国际市场上的地位有所提升。未来，随着全球数字化进程的加速和国际市场对新媒体产品需求的增长，重庆市新媒体的国际市场占有率有望继续提升。

重庆市出版物、视觉艺术和表演艺术的国际市场占有率持续保持在较低的水平，状况堪忧，在数年间其份额竟近乎归零，这一严峻现实深刻地反映出重庆市在文化产品出口征途上面临的重重挑战。此现象不仅是对既有出口策略的一次警醒，更是对加速推进文化产品出口、深化国际市场渗透战略紧迫性与重要性的强烈呼唤。唯有不断加大出口推广力度，精准定位国际市场，方能破局而出，有效提升重庆市文化产品在全球舞台上的竞争力与影响力。

表8-11　重庆文化产品分项IMS（2015—2022年）

项目	2015年	2016年	2017年	2018年	2019年	2020年	2021年	2022年
手工艺品	0.17%	0.06%	0.03%	0.06%	0.05%	0.04%	0.02%	0.04%
设计	0.05%	0.04%	0.10%	0.13%	0.13%	0.10%	0.11%	0.29%
新媒体	0.04%	0.02%	0.01%	0.01%	0.05%	0.02%	0.01%	0.23%
出版	0.01%	0.00%	0.00%	0.00%	0.00%	0.00%	0.00%	0.00%
视觉艺术	0.02%	0.01%	0.00%	0.01%	0.00%	0.01%	0.03%	0.05%
表演艺术	0.02%	0.02%	0.02%	0.02%	0.02%	0.03%	0.03%	0.04%

二、重庆贸易竞争力指数(TC)

由表8-12分析重庆市2015—2022年的贸易竞争力指数,我们可以观察到该指数在大多数年份都保持在较高水平,这反映了重庆市相关产业在国际市场上的强劲竞争力。

具体来看,2015年至2022年,重庆市的TC值始终保持在0.49~0.89,表明其相关产业的竞争力不仅不弱,反而显著强于平均水平。特别是2015年至2018年,TC值一直维持在0.73至0.89的高位,显示出极强的出口导向性和国际市场竞争力。尽管在随后的几年里,TC值有所波动,但即使在最低的2021年(0.49)和2022年(回升至0.73),也依然保持在一个相对较高的水平,说明重庆市的相关产业在国际市场上仍然保持着较强的竞争力。

值得注意的是,尽管TC值并未达到1(表示只出口不进口),但接近这一数值的表现已经足够说明重庆市相关产业在国际市场上的强劲地位。

表8-12　2015—2022年重庆市文化产品贸易竞争力指数TC

项目	2015年	2016年	2017年	2018年	2019年	2020年	2021年	2022年
重庆TC	0.89	0.73	0.74	0.83	0.81	0.62	0.49	0.73

由表8-13可知,重庆市的文化产品进口在整体上呈上升趋势,但个别种类例如出版物进口额持续走低,接下来根据表8-13详细分析分项产品的贸易竞争力指数。

2015—2020年重庆市手工艺品TC值从0.62到0.96不等,大部分时间接近或超过0.8,这表明重庆市的手工艺品出口远超过进口,且竞争力显著。

其间的设计产业贸易竞争指数一直维持在非常高的水平,显示出该产业在国际市场上具有极强的竞争力。TC值从0.81到0.97不等,几乎在所有年份接近1,这表明重庆市的设计产业出口远大于进口,且竞争力极为强劲。

统计期内，新媒体产业的TC值在2015年、2019年和2022年都接近1，这显示了该产业在这些年份里出口占据绝对优势，出口能力极强。然而，在统计期的其他年份，TC值出现了显著的下降，降至0.20左右的水平，甚至在2017年得到的TC值为负数，这意味着该产业在当年面临了一定的进口压力或出口挑战，导致竞争力有所下滑。但随后几年，TC值迅速回升并再次达到高水平，表明新媒体产业迅速调整并恢复了其强劲的国际竞争力。

重庆市出版物的TC值在这8年中持续保持在0.99~1.00，这表明重庆市的出版物产业出口远远超过了进口，几乎实现了出口导向。

2015年和2016年，视觉艺术品的TC值分别为1.00和0.95，显示出极强的出口竞争力，几乎不进口相关产品。然而，从2017年开始，TC值急剧下降，至2019年更是降至-0.50，这表明在这段时间内，重庆市视觉艺术品的进口量超过了出口量，产业竞争力显著减弱。随后的几年里，虽然TC值有所回升，但始终未能恢复到初期的高水平。2020年和2021年的TC值分别为-0.11和-0.13，仍表现出一定的进口导向性，而2022年的TC值虽然回升至-0.01，但并未完全恢复竞争力。这种显著的波动反映了重庆市视觉艺术品产业在国际市场上面临的挑战，如市场竞争加剧、需求变化、贸易政策调整等。为了提升产业竞争力，重庆市可能需要加强产品创新、市场拓展和品牌建设等方面的工作，以应对国际市场的变化和挑战。

这8年里，重庆表演艺术的TC值经历了一定的波动变化。从初期的稳步增长，特别是在2015—2017年，TC值由0.66提升至0.79，显示出重庆表演艺术在国际市场上的竞争力不断增强。然而，随后几年，尤其是从2019年开始，TC值却呈现出明显的下降趋势，到2022年已降至0.48，这反映了重庆表演艺术在国际竞争中面临的挑战和可能存在的市场问题。这一趋势表明，重庆需要加强在表演艺术领域的投入和创新，以提升其作品的国际影响力和市场竞争力。

表8-13 2015—2022年重庆文化产品分项TC

项目	2015年	2016年	2017年	2018年	2019年	2020年	2021年	2022年
手工艺品	0.93	0.84	0.62	0.86	0.96	0.94	0.89	0.96
设计	0.93	0.95	0.97	0.97	0.97	0.82	0.81	0.89
新媒体	0.79	0.19	−0.29	0.25	0.72	0.23	0.05	0.85
出版物	0.99	0.99	1.00	1.00	0.99	1.00	0.99	1.00
视觉艺术	1.00	0.95	0.41	0.28	−0.50	−0.11	−0.13	−0.01
表演艺术	0.66	0.78	0.79	0.65	0.57	0.61	0.59	0.48

三、重庆显性比较优势分析（RCA）

显性比较优势通常用显性比较优势指数（Revealed Comparative Advantage，RCA）来衡量。它是指某地区总出口中某类商品所占份额相对于某国或某地区总出口中此类商品所占份额的比例。其计算公式为：

RCA=（x[ij]/X[i]）/（X[wj]/x[w]）

如果RCA值大于1，表示该地区在该类商品出口上的相对集中，在这类商品上具有比较优势。

由表8-14分析重庆2015—2022年的显性比较优势指数，我们可以清晰地看到该地区在所考察产业上的国际竞争力变化情况。根据给定的标准，我们可以将这一时期的RCA指数分为几个阶段来解读。

初期（2015—2016年）

2015—2016年，RCA指数由0.90下降至0.59，显示出该产业的国际竞争力非但没有增强，反而有所减弱。

低迷阶段（2017—2021年）

2017—2021年，RCA指数在0.56至0.85之间波动，表明重庆所考察的产业在国际市场上的竞争力持续处于较低水平。尽管期间有所波动，但RCA指数整体上并未展现出明显的提升趋势。与前一阶段相比，RCA指数再次下降，2020年、2021年，重庆市文化产品RCA指数达到这一阶段的最低点。根据实际情况分析，初步判断是全球性的疫情导致经济下行，随着经济缓缓复苏，该情况或得以缓解。

复苏迹象（2022年）

2022年RCA指数为1.68。与前几年相比，RCA指数有了显著的提升。这一变化可能预示着重庆所考察的产业在国际市场上的竞争力开始有所恢复，但仍需进一步努力才能达到较强或极强的竞争力水平。

整体来看，重庆在2015—2022年期间所考察产业的显性比较优势指数始终处于较低水平，显示出该产业在国际市场上的竞争力较弱。然而，值得注意的是，在2022年出现了复苏的迹象，RCA指数有了显著的提升。未来，重庆需要继续加大对文化产业的投入和支持力度，推动产业升级和创新发展，以提升其在国际市场上的竞争力。

表8-14　2015—2022年重庆市文化产品RCA出口额

单位：百万美元

项目	2015年	2016年	2017年	2018年	2019年	2020年	2021年	2022年
重庆市文化产品进口总额	795.23	396.03	451.23	636.28	808.67	570.30	731.22	1971.41
重庆市出口总额	55189.94	40694.15	42598.99	51377.1	53798.92	60528.69	80006.37	79089.05
世界文化产品出口总额	257746.48	274961.42	278176.32	276211.81	325633.09	286784.43	350043.87	303669.84
世界出口总额	16132946	15679405	17254937	18956786	18365310	17132812	21603544	20482337
重庆市文化产品RCA	0.90	0.59	0.66	0.85	0.85	0.56	0.56	1.68

由表8-15可知，重庆市手工艺品产业在2015年至2022年经历了显著的竞争力波动。2015年重庆手工艺品RCA>1，说明当年手工艺品类别出口比较集中，展现出较强的国际竞争力，但随着时间推移，其显性比较优势指数持续下滑，从初期的1.43跌至2021年的0.17，表明该产业在国际市场上的地位急剧下降。尽管2022年略有回升至0.26，但仍需采取有效措施以恢复和提升其竞争力。

这8年间，设计产业的显性比较优势指数在最开始并不乐观，好在自2020年起，该指数开始呈现回升趋势，特别是在2022年达到了0.68，显示出产业复苏的迹象。这一变化表明，重庆市设计产业正在积极应对挑战，努力提升其在全球市场的地位。

重庆市新媒体产业在2015—2022年的显性比较优势指数呈现出明显的波动，且大部分时间处于竞争力较弱的水平。初期，RCA指数稳定在0.3左右，然而2017年，RCA指数急剧下滑至0.06，表明该产业在国际市场上的竞争力显著减弱。直到2022年，RCA指数突然跃升至1.51，显示出极强的竞争力，这一显著变化反映了重庆市新媒体产业在近期经历了重大调整或突破，使其在国际市场上的地位得到了显著提升。

重庆市出版物产业在2015—2022年的显性比较优势指数持续处于较低水平，暗示其国际竞争力较弱。从数据上看，RCA指数在整个观察期内呈现出逐年下降的趋势。特别是从2019年开始，RCA指数更是降至0.1以下，并在后续年份中继续下滑至极低的水平。这表明重庆市出版物产业在国际市场上的地位和竞争力面临着严峻的挑战，需要采取有效措施加以改善。

重庆市视觉艺术品产业在2015—2022年的显性比较优势指数经历了显著的波动与增长。2015年RCA值较低，表明相应的竞争力不够强，2016—2019年，重庆市视觉艺术品RCA指数虽然处于竞争力较弱的区间，但随后几年有所波动，并未展现出明显的上升趋势。从2020年开始，RCA指数出现了显著的回升，特别是在2022年达到了2.02，这一数值不仅突破了竞争力较强的门槛，而且接近了竞争力极强的标准，显示出重庆市视觉艺术品产业在国际市场上的竞争力有了质的飞跃。

重庆市表演艺术产业在2015—2022年的显性比较优势指数始终维持在较低水平，表明该产业在国际市场上的竞争力较弱。具体来说，RCA指数在这8年中波动不大，始终在0.21~0.38徘徊，远未达到竞争力理想的标准。尽管在观察期末期，RCA指数有所上升，但增幅有限，未能显著改变其竞争力较弱的状况。

表8–15 2015—2022年重庆市文化产品分项在中国的显性比较优势指数RCA

项目	2015年	2016年	2017年	2018年	2019年	2020年	2021年	2022年
手工艺品	1.43	0.77	0.42	0.58	0.48	0.29	0.17	0.26
设计	0.26	0.22	0.48	0.54	0.50	0.29	0.30	0.68
新媒体	0.43	0.27	0.06	0.15	0.63	0.17	0.12	1.51
出版	0.33	0.16	0.17	0.20	0.09	0.03	0.04	0.02
视觉艺术	0.72	0.39	0.21	0.37	0.22	0.73	0.93	2.02
表演艺术	0.21	0.29	0.28	0.23	0.23	0.33	0.38	0.21

四、综合指标

表8–16展示了通过熵值法这一先进方法，对重庆市文化产品的3大关键指标——国际市场占有率、显示性比较优势指数及贸易竞争优势指数进行科学计算后得出的各自权重。这一过程不仅体现了对各项指标重要性的精确量化，还巧妙地将这3个权重进行加权，形成了一个综合性的评价指标。该综合指标全面而深入地反映了重庆市文化产品在国际市场上的整体竞争实力与表现。

从2015年开始，文化产品竞争力综合指标为0.568164298，虽然不算特别高，但为后续的增长预留了空间。这表明在这一时期，重庆文化产品的国际竞争力尚处于起步阶段，有待进一步提升。接下来的几年里，指标值出现了波动。2016年显著下降至0.236598722，随后几年，指标值有所回升，但直到2018年都未能恢复到2015年的水平，显示出这一时期的竞争力存在一定的不稳定性。

从2018年开始，文化产品竞争力综合指标呈现出较为稳定的增长趋势。2018年至2020年，指标值有所上升，分别为0.437602483、0.494701195和0.358817939，尽管2020年略有回落，但整体趋势是向上的。这表明重庆文化产品在国际市场上的竞争力正在逐步增强。到2022年，文化产品竞争力综合指标实现了飞跃，达到了0.743988086，成为8年中的最高点。这一显著提升不仅反映了重庆市文化产品在国际市场上的强劲表现，也预示着该市文化产业的蓬勃发展和出口潜力的巨大释放。

表8-16　2015—2022年重庆市文化产品综合指标

项目	2015年	2016年	2017年	2018年	2019年	2020年	2021年	2022年
重庆IMS权重	0.084374193	0.000055429	0.000057615	0.052638328	0.076074874	0.050443841	0.041864676	0.203309361
重庆RCA权重	0.196587757	0.048841357	0.06724343	0.138044145	0.16682298	0.082796552	0.083402338	0.285497366
重庆TC权重	0.287202348	0.187701936	0.195320794	0.24692001	0.251803342	0.225577547	0.206387425	0.255181359
重庆综合指标	0.568164298	0.236598722	0.262621839	0.437602483	0.494701195	0.358817939	0.331654439	0.743988086

综上所述，重庆2015—2022年文化产品竞争力综合指标的变化趋势表明，尽管初期面临一些挑战和波动，但随着时间的推移，重

庆市文化产品的国际竞争力不断增强，尤其是在近几年呈现出显著的提升态势。这一趋势为重庆市文化产业的未来发展奠定了坚实基础，并有望在未来继续保持增长势头。

第三篇

文化产品国际竞争力影响因素分析及政策建议

第九章

北京文化产品国际竞争力影响因素分析

第一节　指标选取

一、被解释变量

被解释变量为北京IMS指标、北京TC指标、北京RCA指标以及通过熵值法加权后的北京综合指标。

二、解释变量

本章主要分析北京人均GDP、固定资产投资总额、金融发展水平、对外开放程度对北京文化产品国际竞争力的影响。其中，人均GDP以GDP/总人口表示，金融发展水平以贷款总额/GDP衡量，对外开放程度以进出口总额/GDP表示。（见表9-1）

表9-1　变量定义与构造

变量类型	变量符号	变量名称	变量说明
被解释变量	LNIMS	北京IMS	北京文化产品国际市场占有率取对数
	TC	北京TC	北京文化产品贸易竞争力指数
	LNRCA	北京RCA	北京文化产品显性比较优势指数取对数
	LNY	综合指标	熵值法处理得出
解释变量	X_1	人均GDP	GDP/总人口
	X_2	固定资产投资总额	
	X_3	金融发展水平	贷款总额/GDP
	X_4	对外开放程度	进出口总额/GDP

表9-2报告了描述性统计结果，其中，人均GDP平均值为149227.46元，最大值为190499.93元，最小值为105821.70元，标准差为29473.37元；固定资产投资总额的平均值为8370.01万元，最大

值为8948.10万元，最小值为7947.34万元，标准差为355.20万元；金融发展水平的平均值为2.37，标准差为0.14，最大值为2.56，最小值为2.17；对外开放程度的平均值为0.80，最大值为0.90，最小值为0.64，标准差为0.08。

表9-2　变量描述性统计

变量	平均值	最大值	最小值	标准差
人均GDP（元）	149227.46	190499.93	105821.70	29473.37
固定资产投资总额（万元）	8370.01	8948.10	7947.34	355.20
金融发展水平	2.37	2.56	2.17	0.14
对外开放程度	0.80	0.90	0.64	0.08

第二节　回归结果和分析

一、IMS指标

以北京IMS指标作为被解释变量，X_1、X_2、X_3、X_4分别表示人均GDP、固定资产投资总额、金融发展水平、对外开放程度，作为自变量。为保证回归模型的准确性，对其进行取对数处理。回归模型的结果如表9-3所示。

表9-3　北京IMS指标回归结果

变量	系数	标准误	t统计量	P值
LNX_1	-0.555142	0.407525	-1.362228	0.2664
LNX_2	1.663142	1.130095	1.471683	0.2375
LNX_3	0.520734	1.431673	0.363724	0.7402
LNX_4	0.888293*	0.334838	2.652902	0.0768
C	-15.23319	7.287682	-2.090265	0.1277
R^2	0.910720			
R^2_{adj}	0.791681			

从回归结果可以看出，拟合优度为0.910720，回归方程的拟合度较好，说明国际市场占有率的变化有91.07%的可能是可以被这几个解释变量解释，除LNX_1和C外，LNX_2、LNX_3和LNX_4的统计量大于0，其中，LNX_4的统计量大于2，说明该解释变量对被解释变量有显著影响。

总体来说，固定资产投资总额、金融发展水平和对外开放程度对提高北京文化产品国际市场占有率有显著影响。其中，固定资产投资总额作用最大，其次是对外开放程度，最后是金融发展水平。从回归模型可以看出在其他因素保持不变的条件下，固定资产投资总额每提高1%，北京文化产品国际市场占有率提高1.66%；金融发展水平每提高1%，北京市文化产品国际市场占有率提高0.52%；对外开放程度每提高1%，北京市文化产品国际市场占有率提高0.89%；人均GDP每提高1%，北京市文化产品国际市场占有率减少0.56%。可以看出，固定资产投资总额、金融发展水平和对外开放程度与北京文化产品国际市场占有率呈正相关，人均GDP与北京市文化产品国际市场占有率呈负相关。这种假设仅适用于此模型中，并不一定适用于实际的应用中，但总体来说，选取的4个解释变量对北京文化产品国际市场占有率均有促进作用。为了更好地提高北京市文化产品国际市场占有率，应该加大北京市固定资产投资力度，保持对外开放，吸引更多的外来投资。

二、TC指标

以北京TC指标作为被解释变量，在进行回归分析时，由于TC为负数，无法取对数分析，所以，TC指标以没有对数的形式进行回归。

从表9-4可以看出，拟合优度为0.486780，说明贸易竞争力指数的变化有48.68%的可能是可以被这几个解释变量解释，但被解释变量的P值大于0.1，说明解释变量对被解释变量没有显著影响。

表9-4 北京TC指标回归结果

变量	系数	标准误	t统计量	P值
LNX_1	1.30E-06	1.29E-06	1.012950	0.3857
LNX_2	-5.95E-06	6.39E-05	-0.093142	0.9317
LNX_3	0.128750	0.275678	0.467031	0.6723
LNX_4	0.192929	0.212788	0.906673	0.4314
C	-1.210061	0.651672	-1.856854	0.1603
R^2	0.486780			
R^2_{adj}	-0.197514			

三、RCA指标

从表9-5可以看出，拟合优度为0.954909，说明显性比较优势的变化有95.49%的可能是可以被这几个解释变量解释。

其中，固定资产投资总额和金融发展水平对提高北京文化产品显性比较优势指数有显著影响。固定资产投资总额作用最大，其次是金融发展水平，最后是对外开放程度。从回归结果可以看出，在其他因素保持不变的条件下，固定资产投资总额每提高1%，北京文化产品显性比较优势指数提高2.29%；金融发展水平每提高1%，北京文化产品显性比较优势指数提高0.77%；对外开放程度每提高1%，北京文化产品显性比较优势指数提高0.70%；人均GDP每提高1%，北京市文化产品显性比较优势指数减少0.99%。固定资产投资总额、金融发展水平和对外开放程度与北京文化产品显性比较优势指数呈正相关，人均GDP与北京市文化产品显性比较优势指数呈负相关。为了更好地提高北京市文化产品显性比较优势指数，应该加大北京市固定资产投资力度，提高金融发展水平，保持对外开放。

表9-5 北京RCA指标回归结果

变量	系数	标准误	t统计量	P值
LNX_1	−0.989219	0.409829	−2.413736	0.0947
LNX_2	2.286685	1.136485	2.012068	0.1377
LNX_3	0.771128	1.439767	0.535592	0.6294
LNX_4	0.703928	0.336732	2.090472	0.1277
C	−10.37725	7.328887	−1.415938	0.2518
R^2	0.954909			
R^2_{adj}	0.894787			

四、综合指标

表9-6是对北京的综合指标进行回归，从上述回归结果可以看出，拟合优度为0.842802，说明北京文化产品国际竞争力的变化有84.28%的可能是可以被这几个解释变量解释。

表9-6 北京综合指标回归结果

变量	系数	标准误	t统计量	P值
LNX_1	−12.02548	5.593817	−2.149782	0.1207
LNX_2	42.50561	15.51205	2.740167	0.0713
LNX_3	−19.88911	19.65160	−1.012086	0.3860
LNX_4	−7.357846	4.596100	−1.600889	0.2077
C	−233.4924	100.0331	−2.334152	0.1018
R^2	0.842802			
R^2_{adj}	0.633204			

为了确定变量之间的相关性，对北京、天津、上海、重庆这四个城市进行了回归分析。从表9-7回归结果可以看出，拟合优度为

0.912902，说明国际竞争力的变化有91.29%的可能是可以被这几个解释变量解释。

表9-7　四个城市综合指标回归结果

变量	系数	标准误	t统计量	P值
X_1	1.76E-07	1.05E-06	0.167845	0.8681
X_2	1.35E-05	1.61E-05	0.839966	0.4092
X_3	0.020740	0.080782	0.256740	0.7996
X_4	0.165402	0.33912	0.487665	0.6302
C	0.106284	0.291638	0.364438	0.7187
R^2	0.912902			
R^2_{adj}	0.887498			

第十章

上海文化产品国际竞争力影响因素分析

第一节　指标选取（因变量和影响因素）

一、被解释变量

被解释变量分别为上海IMS指标、TC指标、RCA指标以及经过熵值法加权处理之后的上海综合指标。

二、解释变量

本章主要研究上海市人均GDP、固定资产投资总额、金融发展水平以及对外开放程度对上海市文化产业国际竞争力的影响。其中，人均GDP以上海实现的生产总值与常住人口相比得出，用以衡量上海人民生活水平的一个标准，反映上海的富裕程度和经济发展水平；固定资产投资指标，反映上海固定资产投资规模与速度；贷款总额与GDP的比值，反映上海的金融发展水平；进出口总额与GDP的比值，反映上海的开放程度。（见表10-1）

表10-1　变量定义与构造

变量类型	变量符号	变量名称	变量说明
被解释变量	LNIMS	上海IMS	上海文化产品国际市场占有率取对数
	TC	上海TC	上海文化产品贸易竞争优势指数
	LNRCA	上海RCA	上海文化产品显性比较优势指数取对数
	LNY	上海综合指标	熵值法处理得出
解释变量	X_1	人均GDP	GDP/总人口
	X_2	固定资产投资总额	
	X_3	金融发展水平	贷款总额/GDP
	X_4	对外开放程度	进出口总额/GDP

表10-2报告了描述性统计的结果，其中人均GDP平均值为14.29万元，标准差为2.82万元；固定资产投资总额平均值为7979.92万元，标准差为1207.54万元；金融发展水平平均值为2.20，标准差为0.07；对外开放程度平均值为0.99，标准差为0.09。可以看出，金融发展水平与对外开放程度的差距较小，金融发展水平的最大值为2.31，最小值为2.09，极差为0.22，标准差为0.07；对外开放程度的最大值为1.12，最小值为0.89，极差为0.23，标准差为0.09。接下来差距较大的为人均GDP，最大值为18.04万元，最小值为10.31万元，极差为7.73万元，标准差为2.82万元。差距最大的为固定资产投资总额，最大值为9553.31万元，最小值为6352.70万元，极差为3200.61万元，标准差为1207.54万元。

表10-2　变量描述性统计

变量	平均值	最大值	最小值	标准差
人均GDP（万元）	14.29	18.04	10.31	2.82
固定资产投资总额（万元）	7979.92	9553.31	6352.70	1207.54
金融发展水平	2.20	2.31	2.09	0.07
对外开放程度	0.99	1.12	0.89	0.09

第二节　回归结果和分析

一、IMS指标

从表10-3来看，该模型的拟合优度为0.830936，证明回归方程的拟合度较好，说明上海文化产品国际市场占有率的变化有83.09%的可能是可以被这几个解释变量解释。在此模型中，LNX_2和LNX_4的系数大于0，且都为1.5以上，说明该解释变量对被解释变量有显著影响。

在此模型中，固定资产投资总额和对外开放程度对提高上海市文化产品国际市场占有率有显著影响，其中，对外开放程度的作用最大，固定资产投资总额的作用次之。从回归模型可以看出，在其他因素保持不变的条件下，人均GDP每提高1%，上海市文化产品国际市场占有率降低0.04%；固定资产投资总额每提高1%，上海市文化产品国际市场占有率提高1.57%；金融发展水平每提高1%，上海市文化产品国际市场占有率降低0.95%；对外开放程度每提高1%，上海市文化产品国际市场占有率提高1.59%，因此，在此模型中，固定资产投资总额和对外开放程度与上海市文化产品国际市场占有率呈正相关。

表10-3　上海IMS指标回归结果

变量	系数	标准误	t统计量	P值
LNX_1	−0.038765	0.911840	−0.042513	0.9688
LNX_2	1.571665	1.146326	1.371046	0.2639
LNX_3	−0.944944	2.124008	−0.444887	0.6865
LNX_4	1.589110	1.269715	1.251548	0.2994
C	−17.77629	7.734523	−2.298305	0.1052
R^2	0.830936			
R^2_{adj}	0.605516			

二、TC指标

在将上海贸易竞争优势指数作为因变量进行回归分析时，由于存在负数，不满足取对数的条件，故选择不取对数直接进行回归。

从表10-4来看，该模型的拟合优度为0.955728，证明回归方程的拟合度较好，说明上海文化产品贸易竞争优势指数的变化有96%的可能是可以被这几个解释变量解释，在此模型中，X_2和X_3的系数大于0，说明该解释变量对被解释变量有较为明显的影响。

在此模型中，固定资产投资总额和金融发展水平对提高上海市文化产品贸易竞争优势指数有显著影响，其中，金融发展水平的作用最大，固定资产投资总额的作用次之。从回归模型可以看出，在其他因素保持不变的条件下，人均GDP每提高1%，上海市文化产品贸易竞争优势指数降低0.03%；固定资产投资总额每提高1%，上海市文化产品贸易竞争优势指数提高0.00007%；金融发展水平每提高1%，上海市文化产品贸易竞争优势指数提高0.24%；对外开放程度每提高1%，上海市文化产品贸易竞争优势指数降低1.03%，因此，在此模型中，固定资产投资总额和金融发展水平与上海市文化产品贸易竞争优势指数呈正相关。

表10-4　上海TC指标回归结果

变量	系数	标准误	t统计量	P值
X_1	-0.029741	0.020839	-1.427157	0.2488
X_2	6.99E-05	4.53E-05	1.542111	0.2207
X_3	0.240248	0.300682	0.799010	0.4827
X_4	-1.029678*	0.389136	-2.646063	0.0773
C	0.417136	0.395578	1.054499	0.3691
R^2	0.955728			
R^2_{adj}	0.896699			

三、RCA指标

从表10-5来看，该模型的拟合优度为0.824655，证明回归方程的拟合度较好，说明上海市文化产品显性比较优势指数的变化有82.47%的可能是可以被这几个解释变量解释。在此模型中，LNX_1、LNX_2和LNX_4的系数大于0，说明该解释变量对被解释变量有较为明显的影响。

在此模型中，人均GDP、固定资产投资总额和对外开放程度对提高上海市文化产品显性比较优势指数有显著影响，其中，对外开放程度的作用最大，固定资产投资总额的作用次之。从回归模型可以看出，在其他因素保持不变的条件下，人均GDP每提高1%，上海市文化产品显性比较优势指数提高0.33%；固定资产投资总额每提高1%，上海市文化产品显性比较优势指数提高1.29%；金融发展水平每提高1%，上海市文化产品显性比较优势指数降低1.85%；对外开放程度每提高1%，上海市文化产品显性比较优势指数提高1.84%，因此，在此模型中，人均GDP、固定资产投资总额和对外开放程度与上海市文化产品显性比较优势指数呈正相关。

表10-5　上海RCA指标回归结果

变量	系数	标准误	t统计量	P值
LNX_1	0.326977	0.894641	0.365484	0.7390
LNX_2	1.289186	1.124705	1.146244	0.3348
LNX_3	-1.845854	2.083947	-0.885749	0.4410
LNX_4	1.835724	1.245767	1.473569	0.2370
C	-11.02633	7.588640	-1.453005	0.2422
R^2	0.824655			
R^2_{adj}	0.590863			

四、综合指标

从回归模型来看，该模型的拟合优度为0.108406，证明回归方程的拟合度较差，同时每个解释变量的P值都保持在0.6以上，在该模型中，4个解释变量对上海市文化产品国际竞争力的影响不显著。

表10-6　上海综合指标回归结果

变量	系数	标准误	t统计量	P值
LNX_1	-0.296674	1.356947	-0.218633	0.8410

续表

变量	系数	标准误	t统计量	P值
LNX_2	0.734148	1.705895	0.430359	0.6960
LNX_3	−1.390288	3.160826	−0.439850	0.6898
LNX_4	0.305909	1.889516	0.161898	0.8817
C	−4.909357	11.51007	−0.426527	0.6985
R^2	0.108406			
R^2_{adj}	−1.080385			

第十一章

天津文化产品国际竞争力影响因素分析

第一节　指标选取

一、被解释变量

被解释变量为天津IMS指标、天津TC指标、天津RCA指标以及通过熵值法加权后的天津综合指标。

二、解释变量

本章主要分析人均GDP、固定资产投资总额、金融发展水平、对外开放程度对天津文化产品国际竞争力的影响，其中，人均GDP以GDP/总人口表示，金融发展水平以贷款总额/GDP衡量，对外开放程度以进出口总额/GDP表示。（见表11-1）

表11-1　变量定义与构造

变量类型	变量符号	变量名称	变量说明
被解释变量	LNIMS	天津IMS	天津文化产品国际市场占有率取对数
	TC	天津TC	天津文化产品贸易竞争力指数
	LNRCA	天津RCA	天津文化产品显性比较优势指数取对数
	LNY	天津综合指标	熵值法处理得出
解释变量	X_1	人均GDP	GDP/总人口
	X_2	固定资产投资总额	
	X_3	金融发展水平	贷款总额/GDP
	X_4	对外开放程度	进出口总额/GDP

表11-2报告了描述性统计结果，人均GDP平均值为110911.90元，最大值为120605.54元，最小值为90306.12元，标准差为9975.07元；固定资产投资总额平均值为12387.28万元，最大值为14629.22万

元，最小值为10643.31万元，标准差为1155.97万元；金融发展水平平均值为2.16，标准差为0.49，最大值为2.76，最小值为1.57；对外开放程度平均值为0.47，标准差为0.06，最大值为0.55，最小值为0.38。

表11-2　变量描述性统计

变量	平均值	最大值	最小值	标准差
人均GDP（元）	110911.90	120605.54	90306.12	9975.07
固定资产投资总额（万元）	12387.28	14629.22	10643.31	1155.97
金融发展水平	2.16	2.76	1.57	0.49
对外开放程度	0.47	0.55	0.38	0.06

第二节　回归结果和分析

一、IMS指标

以天津IMS指标作为被解释变量，X_1，X_2，X_3，X_4分别表示人均GDP、固定资产投资总额、金融发展水平、对外开放程度，作为自变量。为保证回归模型的准确性，对其进行取对数处理。回归模型的结果如表11-3所示。

表11-3　天津IMS指标回归结果

变量	系数	标准误	t统计量	P值
LNX_1	0.083385	0.787397	0.105899	0.9223
LNX_2	0.106854	0.745719	0.143290	0.8951
LNX_3	−0.539319	0.899911	−0.599303	0.5912
LNX_4	1.340756	1.648503	0.813317	0.4756
C	−6.424576	12.92010	−497254	0.6532
R^2	0.241371			
R^2_{adj}	−0.770134			

从回归结果可以看出，拟合优度为0.241371，说明国际市场占有率的变化有24.14%的可能可以被这几个解释变量解释，除LNX_3和C外，LNX_1、LNX_2和LNX_4的统计量大于0，其中，LNX_4的统计量最大，说明该解释变量对被解释变量有显著影响。

总的来说，人均GDP、固定资产投资总额和对外开放程度对提高天津文化产品国际市场占有率有所影响。其中，对外开放程度作用最大，其次是固定资产投资总额，最后是人均GDP。从回归模型可以看出，在其他因素保持不变的条件下，人均GDP每提高1%，天津文化产品国际市场占有率增加0.08%；固定资产投资总额每提高1%，天津文化产品国际市场占有率提高0.11%；金融发展水平每提高1%，天津文化产品国际市场占有率降低0.54%；对外开放程度每提高1%，天津文化产品国际市场占有率提高1.34%。

可以看出，人均GDP、固定资产投资总额和对外开放程度与天津市文化产品国际市场占有率呈正相关，金融发展水平和天津市文化产品国际市场占有率呈负相关。这种假设仅适用于此模型中，并不一定适用于实际的应用中，但总体来说，选取的4个解释变量对天津市文化产品国际市场占有率均有促进作用。为了更好地提高天津市文化产品国际市场占有率，应该重视天津港口城市的城市地位，充分利用天津的港口优势、丰富的港口资源和优越的地理位置，促进天津地方文化产品经济和国际的交流。与此同时，也要加强天津市固定资产投资和GDP的发展，促进天津市文化产品国际市场占有率的提升。

二、TC指标

从表11-4可以看出，拟合优度为0.503295，说明贸易竞争力指数的变化有50.33%的可能可以被这几个解释变量解释，但被解释变量的P值大于0.1，说明解释变量对被解释变量没有显著影响。

总的来说，人均GDP和金融发展水平对提高天津文化产品国际市场占有率有所影响。其中，人均GDP作用最大，其次是金融发展水平。从回归模型可以看出，在其他因素保持不变的条件下，人均GDP每提高1%，天津文化产品贸易竞争力指数增加1.98%；金融发展水平每提高1%，天津文化产品贸易竞争力指数提高1.55%；固定资产投资总额每提高1%，天津市文化产品贸易竞争力指数降低0.62%；对外开放程度每提高1%，天津文化产品贸易竞争力指数降低2.22%。

可以看出，人均GDP和金融发展水平与天津文化产品贸易竞争力指数呈正相关，固定资产投资总额和对外开放程度与天津市文化产品贸易竞争力指数呈负相关。这种假设仅适用于此模型中，并不一定适用于实际的应用中，但总体来说，选取的4个解释变量中，人均GDP和金融发展水平对提高天津文化产品贸易竞争力有促进作用。为了更好地提高天津文化产品贸易竞争力，应该重视天津人均GDP的发展和金融发展水平的提升。

表11-4　天津TC指标回归结果

变量	系数	标准误	t统计量	P值
LNX_1	1.983198	1.555222	1.275186	0.2920
LNX_2	-0.624972	1.472903	-0.424313	0.6999
LNX_3	1.553953	1.777453	0.874258	0.4463
LNX_4	-2.223518	3.256030	-0.682893	0.5437
C	-20.84251	25.51905	-0.816743	0.4739
R^2	0.503295			
R^2_{adj}	-0.158978			

三、RCA指标

从表11-5可以看出，拟合优度为0.299874，说明显性比较优势的变化有29.99%的可能可以被这几个解释变量解释。

从回归结果可以看出，在其他因素保持不变的条件下，金融发展水平每提高1%，天津市文化产品显性比较优势指数提高0.22%；对外开放程度每提高1%，天津市文化产品显性比较优势指数提高0.02%；人均GDP每提高1%，天津市文化产品显性比较优势指数减少0.18%；固定资产投资总额每提高1%，天津市文化产品显性比较优势指数减少0.36%。金融发展水平和对外开放程度与天津市文化产品显性比较优势指数呈正相关，人均GDP和固定资产投资总额与天津市文化产品显性比较优势指数呈负相关。为了更好地提高天津市文化产品显性比较优势指数，应该提高天津市金融发展水平和对外开放程度，保持对外开放。

表11-5　天津RCA指标回归结果

变量	系数	标准误	t统计量	P值
LNX_1	−0.183337	0.764735	−0.239739	0.8260
LNX_2	−0.359805	0.724257	−0.496791	0.6535
LNX_3	0.222253	0.874011	0.254291	0.8157
LNX_4	0.016273	1.601058	0.010164	0.9925
C	5.415583	12.54826	0.431581	0.6952
R^2	0.299874			
R^2_{adj}	−0.633628			

四、综合指标

表11-6是对天津的综合指标进行回归，从上述回归结果可以看出，拟合优度为0.062773，说明天津文化产品国际竞争力的变化有6.28%的可能可以被这几个解释变量解释，拟合优度较弱。

表11-6　天津综合指标回归结果

变量	系数	标准误	t统计量	P值
LNX_1	−0.330256	0.961933	−0.343325	0.7540
LNX_2	0.046957	0.911017	0.051543	0.9621

续表

变量	系数	标准误	t统计量	P值
LNX_3	0.055357	1.099387	0.050352	0.9630
LNX_4	−0.043902	2.013914	−0.021799	0.9840
C	2.597197	0.961933	−0.343325	0.754
R^2	0.062773			
R^2_{adj}	−1.186863			

第十二章

重庆文化产品国际竞争力影响因素分析

第一节　指标选取

一、被解释变量

综合前文所述，本章采用熵值法这一客观赋权方法，针对四个城市的人均GDP、固定资产投资总额、金融发展水平以及对外开放程度四项关键指标，进行了系统且科学的权重分配。熵值法通过计算各指标的信息熵，有效量化了数据中包含的信息量大小，进而确定了各指标在综合评价体系中的重要程度，即IMS、TC、RCA等维度的权重。最后，通过加权求和的方式，本章计算得出了这四个城市在综合指标上的得分。

基于此，被解释变量为重庆IMS指标、重庆TC指标、重庆RCA指标以及通过熵值法加权后的重庆综合指标。

二、解释变量

人均GDP代表了一个国家或地区在一定时期内（通常是一年）按人口平均计算的国内生产总值。它是衡量一个国家或地区经济发展水平和人民生活水平的重要指标之一。人均GDP的计算方法是，将一个国家或地区在一定时期内的国内生产总值除以该国或地区的常住人口数量。这个指标通常用来反映一个国家或地区的经济发展程度、人民生活水平以及购买力等。人均GDP越高，通常意味着这个国家或地区的经济发展水平越高，人民的生活水平也越高。同时，人均GDP也是衡量一个国家或地区综合经济实力的重要指标之一，它可以反映出一个国家或地区的经济实力、产业结构、资源利用效率以及科技水平等方面的状况。

一般而言，较高的固定资产投资总额往往意味着城市拥有更强的经济实力和更高的经济发展水平，具备更大的市场竞争力和发展潜力。再者，固定资产投资总额的变化还能揭示城市产业结构的调整和优化趋势。例如，随着高新技术产业的兴起，城市在高科技领域的投资增加，反映出产业结构的升级和转型。同样地，随着文化产业日益崛起并融入公众视野，城市对文化产品的重视程度正显著提升。这一趋势不仅体现在文化产品出口的强化上，更会通过一系列助力政策的发布与实施，全方位地推动文化产业的发展。固定资产投资总额也对城市的投资环境产生深远影响。较高的投资总额往往意味着城市拥有更好的基础设施、更完善的产业链和更广阔的投资前景，从而吸引更多投资者前来投资兴业。

一个城市的金融发展水平是一个综合性的指标，涵盖了金融体系的成熟程度、发展规模以及服务实体经济的能力等多个方面。金融发展水平的提高对于推动城市经济发展、提升城市竞争力具有重要意义。金融发展水平的量化评估体系丰富多元，其中，以贷款总额与GDP之比为切入点的方法是一种直观且具实践意义的衡量手段。尽管此法常被用于近似估算金融业对GDP的贡献率，即金融业增加值占GDP的比重，但值得注意的是，这一比率仅触及了金融发展蓝图的冰山一角，未能全面展现金融体系的深度与广度。鉴于此，本章创造性地采纳了贷款总额与GDP之比作为衡量标尺，专注于透视特定城市金融发展的一个关键侧面。此举措旨在通过这一具体指标，深入剖析该城市资金流动活力、金融服务实体经济的能力以及金融市场的活跃度，为全面理解该城市金融生态提供一隅之见。

一个城市的对外开放程度是一个综合性的指标，它反映了城市与国际市场和经济体系的融合程度以及参与全球经济活动的能力和意愿。对外开放程度的提高有助于城市吸引外资、促进贸易往来、加强国际合作与交流、提升人才引进与培养水平以及优化政策环境等方面的发展。为了剖析城市的对外开放程度，本章采用了“进出口依赖度”作为衡量指标。具体而言，这一指标通过计算地区进出口总值占GDP总值的比重来量化城市经济对国际贸易的依赖程度。这一方法不仅直观反映了城市在全球贸易舞台上的活跃度和融入度，还深刻揭示了其经济结构与全球经济体系的紧密关联。此举不仅深化了对城市对外开放水平的理解，也为后续探索提升对外开放策略提供了坚实的实证基础。

基于此，本章选取人均GDP、固定资产投资总额、金融发展水平和对外开放程度作为文化产品国际竞争力的解释变量。（见表12-1）

表12-1　变量定义与构造

变量类型	变量符号	变量名称	变量说明
被解释变量	LNIMS	重庆IMS	重庆文化产品国际市场占有率取对数
	LNTC	重庆TC	重庆文化产品贸易竞争力指数取对数
	LNRCA	重庆RCA	重庆文化产品显性比较优势指数取对数
	LNY	重庆综合指标	熵值法综合指标取对数
解释变量	LNX_1	人均GDP	（GDP/总人口）取对数
	LNX_2	固定资产投资总额	固定资产投资总额取对数
	LNX_3	金融发展水平	（贷款总额/GDP）取对数
	LNX_4	对外开放程度	（进出口总额/GDP）取对数

三、变量描述性统计

表12-2报告了描述性统计结果，重庆IMS平均值为-6.024885603，最大值为-5.035953102，最小值为-6.502290171，标准差为0.462539408；重庆TC平均值为-0.329437087，最大值为-0.116533816，最小值为-0.713349888，标准差为0.189211942；重庆RCA平均值为-0.251680435，最大值为0.518489668，最小值为-0.57702565，标准差为0.367502568；重庆综合指标平均值为-0.912294042，最大值为-0.295730258，最小值为-1.44138973，标准差为0.389326597；

人均GDP平均值为11.16546212，最大值为11.41490461，最小值为10.8681112，标准差为0.191332387；固定资产投资总额平均值为9.851105995，最大值为9.99409396，最小值为9.647325465，标准差为0.121438696；金融发展水平平均值为0.42243581，最大值为0.509153795，最小值为0.335748456，标准差为0.070546179；对外开放程度平均值为-1.363570624，最大值为-1.245700602，最小值为-1.493132485，标准差为0.097997593。

表12-2　变量描述性统计结果

变量	平均值	最大值	最小值	标准差
LNIMS	-6.024885603	-5.035953102	-6.502290171	0.462539408
LNTC	-0.329437087	-0.116533816	-0.713349888	0.189211942
LNRCA	-0.251680435	0.518489668	-0.57702565	0.367502568
LNY	-0.912294042	-0.295730258	-1.44138973	0.389326597
LNX_1	11.16546212	11.41490461	10.8681112	0.191332387
LNX_2	9.851105995	9.99409396	9.647325465	0.121438696
LNX_3	0.42243581	0.509153795	0.335748456	0.070546179
LNX_4	-1.363570624	-1.245700602	-1.493132485	0.097997593

第二节　回归结果和分析

一、IMS指标

以重庆市人均GDP、固定资产投资总额、金融发展水平以及对外开放程度作为自变量，重庆IMS作为因变量，做多元线性回归，得到结果如表12-3所示。

表12-3 重庆IMS指标回归结果

变量	系数	标准误	t统计量	P值
LNX_1	5.361408	6.707371	0.799331	0.4825
LNX_2	−6.565195	11.19838	−0.586263	0.5989
LNX_3	−2.111445	7.828414	−0.269716	0.8049
LNX_4	2.700075	2.562200	1.053811	0.3693
C	3.360640	44.43987	0.075622	0.9445
R^2	0.558169			
R^2_{adj}	−0.030939			

由回归结果可知，拟合优度为0.558169，说明重庆市文化产品国际市场占有率的变化有55.82%的可能可以被因变量解释。其中，LNX_1、LNX_4的系数为正，说明它们与LNIMS呈正相关，LNX_2、LNX_3的系数为负，说明它们与LNIMS呈负相关。所有因变量的回归结果显著性均不足，但影响回归结果显著性的因素有很多，在此不再赘述，仅描述经济意义。

在其他条件不变的情况下，人均GDP每提高1%，重庆市文化产品国际市场占有率将上升5.36%；固定资产投资总额每提高1%，重庆市文化产品国际市场占有率将下降6.57%；金融发展水平每提高1%，重庆市文化产品国际市场占有率将下降2.11%；对外开放程度每提高1%，重庆市文化产品国际市场占有率将提高2.70%。

二、TC指标

以重庆市人均GDP、固定资产投资总额、金融发展水平以及对外开放程度作为自变量，重庆TC作为因变量，做多元线性回归，得到结果如表12-4所示。

表12-4　重庆TC指标回归结果

变量	系数	标准误	t统计量	P值
LNX_1	1.279586	2.958197	0.432556	0.6945
LNX_2	–3.377193	4.938897	–0.683795	0.5432
LNX_3	0.880448	3.452619	0.255009	0.8152
LNX_4	–0.471525	1.130024	–0.417270	0.7045
C	17.63759	19.59962	0.899895	0.4345
R^2	0.486422			
R^2_{adj}	–0.198348			

由回归结果可知，拟合优度为0.486422，说明重庆市文化产品贸易竞争力指数的变化有48.64%的可能可以被因变量解释。其中，LNX_1、LNX_3的系数为正，说明它们与LNTC呈正相关，LNX_2、LNX_4的系数为负，说明它们与LNTC呈负相关。所有因变量的回归结果显著性均不足。

在其他条件不变的情况下，人均GDP每提高1%，重庆市文化产品贸易竞争力指数将上升1.28%；固定资产投资总额每提高1%，重庆市文化产品贸易竞争力指数将下降3.38%；金融发展水平每提高1%，重庆市文化产品贸易竞争力指数将上升0.88%；对外开放程度每提高1%，重庆市文化产品贸易竞争力指数将下降0.47%。

三、RCA指标

以重庆市人均GDP、固定资产投资总额、金融发展水平以及对外开放程度作为自变量，重庆RCA作为因变量，做多元线性回归，得到结果如表12-5所示。

表12-5 重庆RCA指标回归结果

变量	系数	标准误	t统计量	P值
LNX_1	5.547800	6.530259	0.849553	0.4580
LNX_2	-6.740923	10.90268	-0.618281	0.5802
LNX_3	-3.269962	7.621700	-0.429033	0.6968
LNX_4	1.328067	2.494544	0.532389	0.6314
C	7.402380	43.26641	0.171088	0.8750
R^2	0.336579			
R^2_{adj}	-0.547981			

由回归结果可知，拟合优度为0.336579，说明重庆市文化产品显性比较优势的变化有33.66%的可能可以被因变量解释。其中，LNX_1、LNX_4的系数为正，说明它们与LNRCA呈正相关，LNX_2、LNX_3的系数为负，说明它们与LNRCA呈负相关。所有因变量的回归结果显著性均不足。

在其他条件不变的情况下，人均GDP每提高1%，重庆市文化产品显性比较优势指数将上升5.55%；固定资产投资总额每提高1%，重庆市文化产品显性比较优势指数将下降6.74%；金融发展水平每提高1%，重庆市文化产品显性比较优势指数将下降3.27%；对外开放程度每提高1%，重庆市文化产品显性比较优势指数将提升1.33%。

四、综合指标

以重庆市人均GDP、固定资产投资总额、金融发展水平以及对外开放程度作为自变量，重庆综合指标作为因变量，做多元线性回归，得到结果如表12-6所示。

表12-6　重庆综合指标回归结果

变量	系数	标准误	t统计量	P值
LNX_1	4.002219	5.987900	0.668384	0.5517
LNX_2	-6.955348	9.997176	-0.695731	0.5366
LNX_3	1.891888	6.988694	0.270707	0.8042
LNX_4	1.746166	2.287364	0.763397	0.5008
C	24.50078	39.67299	0.617568	0.5806
R^2	0.502985			
R^2_{adj}	-0.159702			

由回归结果可知，拟合优度为0.502985，说明重庆市文化产品国际竞争力的变化有50.30%的可能可以被因变量解释。其中，LNX_1、LNX_3、LNX_4的系数为正，说明它们与LNY呈正相关，LNX_2的系数为负，说明它与LNY呈负相关。所有因变量的回归结果显著性均不足。

在其他条件不变的情况下，人均GDP每提高1%，重庆市文化产品国际竞争力指数将上升4.00%；固定资产投资总额每提高1%，重庆市文化产品国际竞争力指数将下降6.96%；金融发展水平每提高1%，重庆市文化产品国际竞争力指数将提高1.89%；对外开放程度每提高1%，重庆市文化产品国际竞争力指数将提升1.75%。

审视回归分析的结果，我们不难发现一个显著的趋势：固定资产总额与被解释变量之间呈现出一种负相关关系，而金融发展水平与LNIMS（国际市场占有率的对数）、LNRCA（显性比较优势指数的对数）同样表现为负相关。深入剖析这一现象的内在逻辑，我们可以得出以下见解。

尽管重庆市的固定资产投资总额在逐年稳步增长，其主要流向却倾向于基础设施的完善与民众福祉的提升，而非直接聚焦于文化产品领域。这种投资结构的倾斜，导致了与文化产品直接相关的固定资产投资相对匮乏，进而在统计上表现为固定资产投资总额与文化产品竞争力指标之间的负相关。这一发现提醒我们，在推动文化产业发展的过程中，需要更加精准地引导投资流向，加大对文化产业的支持力度。

同样地，尽管重庆市的金融发展水平在稳步提升，显示出金融市场活力与效率的增强，但这一正面效应在文化产品领域并未得到充分体现。原因在于，相较于其他经济领域，金融资源在文化产品开发与推广上的应用仍然有限，未能有效激发文化产业的市场潜力。这一现象为我们敲响了警钟，强调了在促进金融与文化产业深度融合的过程中，应更加注重优化金融资源配置，为文化产业提供更加充足的资金支持，以加速其成长与发展。

综上所述，回归结果不仅揭示了重庆市在固定资产投资与金融资源配置上的现状，更为我们指明了未来努力的方向，即通过精准投资引导与金融资源优化配置，共同推动文化产业迈上新的台阶。

第十三章

政策建议

第一节 北京

一、加大政府扶持力度，促进多样化投资形式

固定资产投资在推动北京市文化产业发展的过程中扮演着至关重要的角色。这些投资不仅仅是对物质资源的直接投入，更是对文化创意、技术创新和市场拓展等多方面能力的综合提升。政府应当采取积极措施加大投资力度。通过提供必要的资金支持，可以确保北京在文化产业领域的各项建设项目得到顺利进行。这种资金上的支持，对于培育和壮大北京文化品牌，提升其国际竞争力具有深远影响。在全球化的大背景下，文化产品的国际市场占有率已经成为衡量一个国家或地区文化软实力的重要指标。因此，增加固定资产投资，不仅有助于巩固北京市作为历史文化名城的地位，也将为其在全球范围内推广本土文化、增强文化自信提供坚实的经济基础。政府与相关部门应共同努力，制定出具体的投资计划和政策，以促进文化产业的繁荣发展，最终实现北京文化产品在国际市场上的占有率不断攀升，从而推动整个城市乃至国家文化形象的国际传播和影响力的扩大。

然而，面对众多的政府投资项目，政府在资源分配上往往难以做到面面俱到。为了确保文化产品的多样化发展而非仅仅局限于传统的文化产业范畴，政府应该积极采取更为灵活和多元化的策略来进行投资。这包括制定一系列创新政策，旨在吸引国内外投资者对北京的文化产品给予更多的关注和投入。通过这样的举措，可以激发新的创意与活力，推动北京文化产业的全面繁荣，同时也能为外来资本创造更广阔的发展空间。这样一来，不仅能够丰富首都的文化内涵，还能为本地居民提供更多接触和享受高质量文化生活的机

会。最终，这将有助于提升整个社会的文化素养和审美水平，同时也促进了经济的整体增长。

二、推动文化产品创新，满足市场多样化需求

对外开放程度对提高北京文化产品国际竞争力有显著影响。北京作为中国的首都，拥有丰富的历史文化遗产和独特的文化产业资源，这些都是其文化产品独有的魅力。通过进一步开放市场，北京的文化产品能够更直接地与世界各地消费者进行交流，不仅让外国消费者有机会深入了解中国传统文化的精髓，还能促进中外文化的交流与融合，增强北京文化产品的国际影响力，推动北京文化深入国际市场。这种开放带来的积极效应将有助于北京市打造更加国际化的文化品牌，推动文化产品的创新发展，从而在全球范围内展现出更强的国际竞争力。因此，推动北京文化产品创新，能体现北京对文化产品与时俱进的态度，让海外的消费者对北京文化产品有更深的理解。首先，北京文化产品的创新不能只局限在对本土文化产品的创新，还需要结合国外文化产品的元素，两者的相互结合，不仅有利于推广北京文化产品，还能更好地满足国外消费者的需求；其次，随着对外开放程度的步伐加快，要继续巩固和拓展海外市场，吸收国外文化元素的精髓，给北京文化产品的创新提供新思路，进而使海外的消费者产生共鸣。针对不同消费者的需求，在市场上应对北京文化产品进行不同层次的开发与宣传，刺激消费，提高北京文化产品的竞争力。

三、加强文化出口基地建设，发挥国际交流平台优势

北京的文化产品出口已经遍布全球多个国家，加强文化出口基地建设，能加深国际间的交流。目前，天竺综合保税区作为一个重要的出口基地，已为众多文化出口企业提供了包括政策咨询、物流支持、资金融通以及市场准入等全方位的服务。这些措施极大地便利

了文化产品的出口流程，降低了企业的运营成本，同时也提升了文化产品的国际竞争力。通过这样的方式，北京不仅能够巩固自身作为全球文化中心的地位，还能推动中国文化走向世界，让世界各地的文化爱好者都有机会接触到丰富多样的中国文化。

随着"一带一路"的推进，北京文化产品也逐渐进入非洲和拉美等地区，为当地民众带来了丰富多彩的文化体验。随着与周边国家文化交流的加深，北京可以发挥国际交流平台优势，举办文化节、服贸会、艺术节等活动加强国际间的文化交流，推动国家的文化合作，进一步让世界了解北京文化产品。除了国际间的交流，个体也可以发挥文化交流的作用。在海外留学以及在海外生活的国人，可以联系海外华侨协会，举办文化产品交流活动，宣传文化产品，扩大文化产品的国际影响力，促进与海外消费者的交流，增加海外消费者的需求。

第二节 上海

一、加大固定资产投资力度

加大固定资产投资力度是推动上海提升文化产业国际竞争力的重要途径之一。面对不断变化的国内外经济环境，上海需要采取一系列有力措施来确保固定资产投资的有效增长。首先，上海需要为企业投资创造良好的条件。这包括简化行政手续，减少审批环节，提高政府服务效率；实施更为灵活的土地供应政策，合理规划土地用途，确保重点项目用地需求得到及时满足；加大财政补贴和税收优惠力度，减轻企业负担，增强企业的投资意愿。其次，上海需要引导资金流向关键领域，特别是那些具有长期增长潜力和能带动整个产业链发展的行业。例如，加大对先进制造业、战略性新兴产业的支持力度，鼓励企业进行技术改造和设备更新；增加对基础设施的投资，尤其是交通、能源、环保等领域的重大项目；增加对民生项目的投入，比如教育、医疗、养老等，以提高人民的生活质量。为了给企业提供充足的金融支持，上海可以设立专门的产业投资基金，支持重点行业的企业发展；鼓励银行等金融机构提供低利率贷款，帮助中小企业解决融资难问题；积极引导社会资本参与项目建设，吸引民间资本进入公共事业和基础设施建设领域。科技创新是推动经济高质量发展的核心动力。最后，上海还需要加强与国际市场的联系，利用好自由贸易试验区等开放平台，吸引外资企业投资；积极参与国际经贸规则制定，为企业走出去提供便利；组织参加国际展览和经贸洽谈会，扩大上海品牌和产品的国际影响力。

二、积极发展高质量文化产品

提升竞争力最根本的还是需要上海自立自强，培育独具自身特色的文化产品，进而拓展自身的文化影响力、增强国际竞争力。为此，上海应鼓励企业深度挖掘特色文化资源，注重数字文化产品的内容塑造和创新，增强文化自信和文化输出。例如，上海米哈游公司研发的《原神》，这款开放世界冒险游戏的主角是一个基于京剧文化的角色，游戏内的“群玉阁”是根据上海非物质文化遗产金银细工技艺打造的，这种巧妙的结合不仅丰富了游戏的视觉效果，也将中国文化和上海的地方特色向全球观众展示，促进了传统文化的保护与传承。《原神》的成功表明，将地方文化与全球化趋势相结合，可以创造出既具有本土特色又能引起全球共鸣的产品，进而提升文化产业的国际竞争力。

三、持续探索新的发展方向

国际竞争力的提升除了要致力于独特的文化输出，还要积极地探索并发展新的方向，发展新的业态，打造一个充满活力的、多元的上海。为此，上海可以积极利用数字时代的红利，推动数字技术与文化产业的融合，将虚拟技术作为上海文化产业新的增长点，充分利用自身的科技资源和产业优势，提升关键核心技术的自主权和创新能力。

上海有很多的文化产业园区，但是这些园区大多分散，可以打造一个平台，将这些分散的力量聚合起来，资源共享，发挥“1+1>2”的作用。上海作为国际化大都市，积极开展国际文化交流与合作，引进国外先进经验和技术，同时推动中国文化的海外传播，提升上海文化品牌的国际知名度。

四、努力优化营商环境

除了上述的几点，上海还需要构建一个有利于文化产业发展的生态系统，吸引更多的文化企业、人才和资本，推动文化产业的高质量发展。通过举办文化节庆、展览、演出等活动，激发文化消费需求，提升市民文化素养，扩大文化产业的市场基础；加强文化产业人才队伍建设，提供培训、教育和实习机会，吸引国内外高端人才，为文化产业的持续发展储备人力资源；对文化企业轻微违法行为实施免罚，采用教育指导代替行政处罚，营造宽容的创新氛围；优化市场准入和退出机制，为文化企业提供灵活的市场环境，促进优胜劣汰，维护市场健康秩序；推动文化企业参与国际交流，拓展海外市场，吸引外资和国际合作项目，提升上海文化产业的国际影响力。

第三节　天津

由上述分析可知，天津文化产品国际竞争力不突出，天津政府在GDP发展、增加固定资产投资总额、提升金融发展水平、扩大对外开放程度等方面都要有所作为，方能促进天津市文化产品的国际竞争力的提升。现针对已有结果提出以下几点建议。

第一，立足文化产业实情，促进GDP发展。

天津文化资源丰富多彩、类型繁多，构成了文化产业高质量发展的基石。近年来，天津政府积极搭建文化消费新场景，持续推进文化产业与传统一、二、三产业深度融合。有关部门应充分利用已经拥有国家数字出版基地、国家滨海广告产业园、国家动漫产业园、中国天津3D影视创意园区等优势资源，利用先进制造业转型升级的大好机遇，打造文化聚集园区，扩大文化企业规模，大力宣传发展本地文化品牌。让深厚的文化资源优势变成强大的产业发展优势，助推天津文化产业GDP高质量发展。

天津要在体制机制、文化政策、文化工程等方面做好顶层设计，文化经济不仅要发展，更要高质量发展，才能促进文化产业繁荣发展，才能为文化产业发展提供坚强保障。为了更好地进行文化资源配置，市场和政府的作用都要积极地体现出来，市场要加快完善现有的文化管理体制和文化产品生产机制，激发市场活力，政府应坚持和完善繁荣发展社会主义先进文化的制度，提升文化治理效能，促进GDP显著增长。

天津要发挥文化新业态引领作用。近年来，“国风汉服旅拍”“跟着微短剧去旅行”“一部剧带火一座城”等融合发展业态成为文旅新时尚，文化新业态的引领作用日益凸显，天津应把握住新时尚和新业态，通过抖音、小红书、微博等社交短视频媒体平台，开通当地文化主题的专用账号，用人民群众喜闻乐见的方式，传播当地的文化产品，促进GDP发展。

第二，政府多措并举，增加固定资产投入。

固定资产是中国特色社会主义建设的重要动力因素，可以推动投资结构升级，为投资增添新动能。增加固定资产投入额是企业发展和扩张的重要途径。从数据上看，天津在固定资产上投入较少，政府应重视固定资产的投入，支持增加固定资产投入。具体而言，可以通过制定和实施产业政策，引导社会资金投向文化领域。同时，通过财政拨款、财政贴息、税收返还等方式，为文化产业固定资产投资项目提供资金支持。例如，对符合条件的技术改造项目给予设备补助、贷款贴息或专项技术改造补助。此外，还可以深化投资审批制度改革，简化审批流程，提高审批效率，为固定资产投资项目提供便捷的行政服务。政府还可以运用政策性贷款与贴息的方式，支持符合条件的文化企业通过政策性银行获得贷款，并提供一定比例的贷款贴息，降低固定资产融资成本，促进固定资产投入，促进天津文化产业发展。

第三，完善金融政策，提升金融发展水平。

天津要深化金融改革，继续推进金融业的市场化、法治化、国际化，深化金融供给侧结构性改革，优化金融资源配置，提高金融服务实体经济的能力。

同时还要扩大金融开放，有序推进金融服务业开放，进一步完善准入前国民待遇加负面清单管理制度，优化外资进入中国市场的程序，开展新业务试点时，坚持对内外金融机构平等对待。稳步推进金融市场高水平对外开放，健全各类市场互联互通机制，丰富可投资的行业和资产种类，进一步提升外资参与中国市场和天津市场的便利性。

第四，利用进口海关区域政策优势，提升对外开放程度。

天津应借鉴上海、北京等城市的文化贸易便利化的成熟经验，促进文化产品贸易便利化，包括自贸区范围内的国际艺术品保税展示、在确保安全的前提下简化文化产品进出口审批环节等。另外，还可以利用天津出口加工区、保税物流中心、保税区、综合保税港区等特殊区域所享有的“境内关外”政策，提升对外开放程度，为文化产品和服务出口创造便利条件，从而促进文化产业的发展。

第五，充分发掘自身优势，立足区域优势发展。

天津可立足京津冀协同发展战略，发挥各自优势，提升三地文化产业链的协同效应。互联网、信息技术以及对创新知识产权保护意识的强化等改变了传统文化产业链形态。新常态下文化产业链大致包括内容层（如漫画、非物质文化遗产、字画等）、变现层（如电影、游戏、动画、图书、演唱会等）、延伸层（如主题公园、体验馆、旅游、快消品等）以及支撑层（如版权价值挖掘服务、版权维权服务、设计制作服务、版权教育服务以及供应链管理服务等）。北京、天津、河北三地均拥有丰富的内容层文化，北京、天津两地在变现层和延伸层产业链上更具优势。因此，天津应强化文化服务开放政策，鼓励版权价值挖掘服务、设计制作服务、版权教育服务等走出去；应协同北京、河北两地的政府部门、文化行业协会等积极搭建文化企业跨区域发展平台，促进跨区域发展文化产业的协同效应，克服区域之间文化产业布局趋同、相互竞争的态势，发挥区域比较优势，聚合产业链优势资源，增强协同互补能力，以便有利于促进自身文化产业的发展。

同时，新常态下文化创意创新设计类人才缺乏，文化知识产权保护的法律人才缺乏，兼具文化产品和服务贸易的文化贸易统计人才缺乏。在京津冀协同视角下，一方面天津可以利用北京一些高校文化贸易专业人才培养的领先地位，积极引进文化贸易人才。另一方面天津地区高校应更加注重文化创意设计类创新人才的培养，加强文化贸易统计问题的研究，加强与文化有关的知识产权保护人才培养，以弥补本市高端文化产业和贸易人才缺乏的不足。

第四节 重庆

由前文回归分析可知，各项回归结果虽然显著性不尽如人意，但回归结果仍具有一定的统计及经济意义。在仔细审视数据后，我们不禁注意到，固定资产投资总额（X_2）和金融发展水平（X_3）的系数在大多数情况下显示为负数，这一发现与我们的初步预测有显著偏差。这种结果可能揭示了金融发展在城市相关部门的资源分配中占据了主导地位，而在当前全球经济刚刚从疫情冲击中复苏的背景下，虽然经济复苏的迹象无疑带来了振奋人心的希望，但我们同样需要审慎地看待这一现象的多面性。尤其值得注意的是，资源的分配往往具有排他性，当大量精力被投入金融发展中时，可能会导致对提升文化产品竞争力等其他重要领域的关注度不足，这无疑是一个值得我们深思的问题。

现针对已有结果提出以下建议。

一、强化文化产品日常宣传，拉动文化消费占比

重庆市人均GDP的持续增长，总量规模的不断扩大，以及产业发展的有序推进和基础设施的健全完善，无疑彰显了这座城市的经济活力和综合实力。同时，保障粮食能源安全的力度加大和人口集聚力的持续提升，也进一步增强了重庆市的发展潜力和吸引力。然而，我们也应看到，尽管人均GDP的增加为重庆市带来了诸多正反馈，但在提升文化产品竞争力方面，其效果尚未达到我们的预期。

城市人均GDP是一个综合反映城市经济实力、居民生活水平和消费能力的重要指标。在人均GDP持续增长的同时，我们应该更加重视文化产品的发展，将文化产品融入人们的日常生活中，提高其在居民消费结构中的比重。这不仅有助于丰富人们的精神文化生活，还能进一步提升城市的软实力和国际影响力。

“全世界都在学中国话”，这一现象充分说明了中国传统文化在国际上的影响力和吸引力。随着互联网产业的飞速发展，China travel、“Chinglish”等与中国传统文化高度相关的标签在国际媒体上热度不减，为宣传中国传统文化提供了宝贵的机遇。重庆市相关部门应把握这一机遇，积极与各类视频、文字媒体合作，借助互联网的力量，将重庆的文化产品推向世界。

具体而言，重庆市可以制订一系列文化推广计划，如拍摄宣传重庆文化的短视频、撰写介绍重庆文化的文章，并通过YouTube、

TikTok、Twitter等国际媒体平台进行广泛传播。同时，也可以举办各类文化活动，如文化展览、艺术演出等，吸引国内外游客前来参观体验。通过这些措施，让更多的人了解重庆、认识重庆，进而提升重庆文化产品的国际竞争力。

简而言之，重庆市在提升人均GDP的同时，应更加重视文化产品的发展。通过加强与国际媒体的合作、举办各类文化活动等措施，让重庆的文化产品在世界舞台上发光发热，为提升重庆市的国际影响力和软实力作出更大的贡献。

二、提升文化固定资产投入，根基着手增投增产

随着重庆市经济的蓬勃发展，固定资产投入呈现出逐年增加的态势，这一显著的增长不仅标志着相关部门对固定资产建设重视性的不断加强，也预示着城市基础设施和工业实力的持续增强。然而，当我们深入解读最新的统计公报时，可以发现一个不容忽视的现象：尽管基础设施、工业投资以及社会领域投资均实现了稳步增长，但文化产品相关的固定资产投资额和占比相对较低，尚未达到预期水平。我们应该在兼顾其他基础设施建设的同时，更加注重文化产品的生产和推广，为提升城市软实力和国际影响力作出更大的贡献。

在这样一个信息高速流通、互联网发展日新月异的时代，文化产品的重要性日益凸显。它们不仅是传承和弘扬优秀文化的重要载体，更是提升城市软实力和国际影响力的重要工具。因此，我们需要在继续加强其他基础设施建设的同时，更加注重文化产品相关的固定资产投资。

具体而言，可以通过优化投资结构、增加财政投入、引导社会资本参与等方式，逐步提高文化产品相关的固定资产投资的规模和占比。同时，还应该加强对文化产品生产的指导和支持，推动文化产业的创新发展，提高文化产品的质量和竞争力。

在互联网技术快速发展的今天，我们还需要充分利用互联网的优势，推动文化产品的数字化、网络化、智能化发展。这不仅可以提高文化产品的生产效率和市场竞争力，还可以扩大文化产品的传播范围和影响力，让更多的人了解和喜爱重庆的文化产品。

三、维持金融产业繁荣现状，促进产业多元发展

金融产业的繁荣无疑是一个地区经济实力的重要标杆，它象征着资本流动的活跃、金融服务的完善以及市场潜力的巨大。然而，一个地区的综合实力并非单一维度所能衡量，经济实力的强劲只是其多元构成中的一个方面。在追求经济繁荣的同时，我们更应认识到，文化产品竞争力的提升同样对地区发展起着至关重要的作用。

文化产品竞争力的提升，不仅仅意味着文化产业的蓬勃发展，更是该地区人民文化自信感和自豪感的增强。一个拥有丰富文化底蕴和竞争力强的文化产品的地区，其居民在精神层面会获得极大的满足和骄傲，这种内在的力量能够为城市的长久繁荣提供源源不竭的动力。

在重庆这座城市，我们同样看到了这样的趋势。作为一座历史悠久的文化名城，重庆不仅在经济上取得了显著的成就，更在文化产品的创新和推广上不断突破。通过打造具有地方特色的文化品牌，推广重庆独有的文化遗产，重庆的文化产品竞争力得到了显著提升。这不仅增强了市民的文化自信感和自豪感，也为城市的全面发展注入了新的活力。

因此，我们可以说，金融产业的繁荣和文化产品竞争力的提升是重庆综合实力提升的两大重要支柱。在经济发展的同时，我们更应注重文化的传承与创新，让文化成为推动城市繁荣的重要力量。

四、加大文化产品出口力度，致力弘扬中华文化

重庆，这座充满韧性与活力的城市，始终秉持稳中求进的工作

总基调，坚定不移地贯彻“疫情要防住、经济要稳住、发展要安全”的核心要求。面对全球疫情的持续挑战，重庆展现了卓越的危机应对能力和战略定力，统筹兼顾疫情防控与经济社会发展，既确保了人民生命健康安全，又维护了经济社会秩序的稳定运行。在复杂多变的国内外环境中，重庆有效抵御了多重超预期因素的冲击，其经济发展在重重压力下依然保持了稳健的恢复态势，实现了稳增长、稳就业、稳物价的宝贵平衡，这一成就无疑令人振奋。

尤为值得一提的是，尽管全球贸易环境因疫情而动荡不安，重庆的进出口总额却并未缩减，反而展现出顽强的增长势头，这无疑是重庆经济韧性的又一力证，也是值得全市乃至全国人民高兴的事情。随着疫情防控形势的逐步好转，重庆市相关部门应乘胜追击，继续秉持稳中求进的原则，针对文化产品进出口领域制定并实施一系列优惠政策。

这些优惠政策可以包括但不限于降低关税壁垒、提供出口信贷支持、设立专项基金鼓励文化创新、加强国际文化交流与合作平台建设等，旨在全方位、多层次地促进重庆文化产品的国际化进程。通过这些措施，不仅能够直接提升重庆文化产品的出口额，增强其在国际市场上的占有率和竞争力，还能进一步凸显重庆文化产品的显性比较优势，即那些使得重庆文化产品在国际市场上相较于其他同类产品具有独特优势的特征和因素。

长远来看，这一系列举措将深刻影响并重塑重庆文化产品的国际形象，提升其综合竞争力，为重庆乃至中国文化的全球化传播贡献力量。同时，这也将为重庆经济注入新的增长点，推动产业结构优化升级，实现经济与文化的双轮驱动，共同书写重庆高质量发展的新篇章。

参考文献

[1] 葛菲:《以在地文化创意产品设计为载体的文旅融合新思路》,《美术教育研究》2020年第4期,第76—79页。

[2] 冯莹:《北京胡同文化研究》,《艺术研究》2013年第2期,第64—65页。

[3] 于子桐:《新时代语境下京剧艺术的表现特征》,《文艺评论》2024年第2期,第113—120页。

[4] 任晟姝:《“戏”说七十载岁月峥嵘——新中国70年戏剧发展回眸》,《齐鲁艺苑》2019年第6期,第74—77页、第85页。

[5] 吴承忠:《明清北京戏剧文化的分异、整合与扩散历程》,《河北工程大学学报(社会科学版)》2013年第1期,第49—53页。

[6] 潘梦阳:《伊斯兰与穆斯林》,宁夏人民出版社1993年版。

[7] 佟洵:《试论北京历史上的教堂文化》,《北京联合大学学报》2000年第3期,第3—11页。

[8] 肖立新:《宗教文化在社会主义新农村文化建设中存在的问题和对策》,《攀枝花学院学报》2013年第4期,第19—22页、第27页。

[9] 何传添、梁晓君、周燕萍:《中国文化贸易发展现状、问题与对策建议》,《国际贸易》2022年第1期,第33—42页。

[10] 王长义:《山东省文化产品贸易国际竞争力及影响因素研究》,《商学研究》2021年第2期,第55—64页。

[11] 王朝晖、刘佩佩、冯中姝:《新发展格局下上海数字文化贸易高质量发展研究——基于新熊彼特理论的分析》,《中国商论》2024年第22期,第1—5页。

[12] 本报评论员:《立足自身　放眼全局　拓展新质生产力发展空

间》,《宜兴日报》2024年6月20日。

[13] 王雪怡、蔡霞:《贯彻新发展理念 构建新发展格局 引领上海梅林高质量发展》,《上海农村经济》2023年第11期,第12—13页。

[14] 姚春林、刘静文:《文化产业发展与繁荣的策略研究——以天津市文化产业为例》,《沈阳工程学院学报(社会科学版)》2023年第2期,第38—42页。

[15] 本报评论员:《推动文化产业成经济增长新引擎》,《经济日报》2024年7月17日。

[16] 林国斌、曹子剑、李青:《全民所有自然资源资产清查工作的天津探索与思考》,《中国土地》2023年第4期,第32—34页。

[17] 贺子轩、王庆生、晁小景:《天津文化产业和旅游产业耦合协调发展研究》,《城市》2021年第1期,第11—19页。

[18] 沈沛:《天津市政府扶持文化创意产业发展路径研究》,天津财经大学2020年硕士学位论文。

[19] 孟媛、高平:《新的文化使命视域下重庆文化传播影响力提升路径研究》,《重庆科技报》2024年7月4日。

[20] 孙秀锋、李旭、杨德伟等:《基于多源数据的重庆中心城区绿地生态系统文化服务供需关系研究》,《西部人居环境学刊》2024年第3期,第162—168页。

[21] 杨邦德:《焕发历史文化时代价值书写中国式现代化重庆篇章》,《水文化》2024年第6期,第54—57页。

[22] 周继青:《城市文化空间建构的媒介实践逻辑研究——基于重庆特色街区的考察》,《科技传播》2024年第9期,第25—27页、第32页。

[23] 任洪涛:《重庆公路文化建设的实践与探索》,《中国公路》2024年第6期,第35—38页。

[24] 熊蕾:《文化IP符号感知视角下重庆城市形象的影像建构——以

电影《火锅英雄》为例》,《今古文创》2024年第7期,第97—100页。

[25] 周勇:《回望“重庆文化体系”的来路——对“重庆文化体系”的学术史研究》,《重庆文化研究》2023年第4期,第72—89页。

[26] 高文新:《数字经济时代文化消费的特征、发展趋势及对策》,《时代经贸》2024年第7期,第23—26页。

[27] 吴旭辉:《文化产业发展水平测度、空间差异与优化策略——以甘肃省为例》,《长江师范学院学报》2024年第4期,第71—79页。

[28] 姜天骄:《文化事业和文化产业繁荣发展》,《经济日报》2024年7月17日。

[29] 刘玉拴、贾世奇:《基于系统动力学的文化产业数字化政产学研协同创新机制研究》,《湖南社会科学》2024年第4期,第105—113页。

[30] 谭桂华、刘万杰:《科技赋能重点文化产业集聚发展》,《中山日报》2024年5月25日。

[31] 郭星:《开原市文化产业高质量发展探讨——基于瑞金市文化产业发展经验》,《文化创新比较研究》2024年第13期,第91—95页。

[32] 袁家菊、何昱霖、佀海星:《文化产业要素投入与地区经济增长的相关性研究——基于西南地区2010—2019年面板数据的实证研究》,《商业观察》2024年第12期,第25—28页。

[33] 夏兰:《中国文化创意产品及服务贸易的国际竞争力研究》,《全国流通经济》2023年第23期,第71—74页。

[34] 郭延建:《文化贸易竞争力评价及其影响因素研究》,上海财经大学2023年硕士学位论文。

[35] 陈云斐、肖维鸽:《中国文化产品出口现状及存在问题分析》,《江苏商论》2022年第5期,第44—50页。

[36] 王倩:《中国文化产品出口贸易影响因素研究》,首都经济贸易大学2020年硕士学位论文。

[37] 齐玮、何爱娟:《中国文化产品出口竞争力测度与国际比较》,《统计与决策》2020年第5期,第91—94页。

[38] 郭群:《中国文化产品贸易国际竞争力的比较研究》,《西部皮革》2018年第6期,第63—64页。

[39] 马静:《关于提升黑龙江文化产业竞争力的研究》,《文化月刊》2024年第5期,第24—26页。

[40] 夏雨:《文化产业发展助力我国国际竞争力提升》,《文化产业》2023年第30期,第25—27页。

[41] 苏玫瑰:《基于熵值法的安徽省文化产业竞争力评价与提升对策》,《皖西学院学报》2019年第4期,第57—64页。

[42] 程越岳:《我国省域文化产业竞争力与行业发展格局研究》,《全国流通经济》2018年第23期,第69—71页。

[43] 罗荣华:《文化兴城:北京文化产业影响经济发展的路径机制》,研究出版社2023年版。